Petites expériences de philosophie entre amis

Roger-Pol Droit

Petites expériences de philosophie entre amis

MARABOUT

Pour Monique,

ma petite,
mon expérience,
ma philosophie,
mon amie…

Introduction
L'expérience est une porte tambour

Theophilus Van Kannel, ce nom ne vous dit rien. Pourtant, vous connaissez tous son invention : la porte tambour. En 1888, à Philadelphie, il a créé cette *revolving door* que vous avez forcément déjà utilisée – elle équipe aujourd'hui d'innombrables entrées d'immeubles, de magasins, d'hôtels, d'aéroports...

Ce que personne n'a dit, à ma connaissance, c'est combien cette porte tambour a transformé, mine de rien, les façons d'entrer et de sortir. Quand seules régnaient des portes classiques, pleines et plates, tout se passait en ligne droite, du dehors au dedans, en une seule trajectoire rectiligne. Pour entrer quelque part, il n'y avait qu'à suivre le plus court chemin, sans dévier.

Avec la porte tambour, c'est une autre histoire. Vous entrez dans un mouvement circulaire, vous vous trouvez pris dans une sorte de manège qui dévie le trajet et vous fait perdre de vue, rien qu'un instant, l'itinéraire habituel. Surtout, si vous ne vous éjectez pas au bon moment, vous serez de nouveau dehors !

Que vient donc faire ici l'invention de Theophilus Van Kannel ? La réponse est fort simple : le livre que vous avez entre les mains est constitué d'une série de petites portes tambour pour accéder à la philosophie. Voilà qui réclame quelques explications. Car la philosophie, même si on parle souvent d'y entrer et parfois d'en sortir, n'est pas un immeuble.

En apparence, on trouve bien, « à l'intérieur » de la philosophie, pêle-mêle, instituts, départements, bibliothèques, librairies, éditeurs, magazines, émissions, mais aussi génies, maîtres, professeurs, experts, vulgarisateurs, sans oublier doctrines, questions, débats, querelles, etc. Toutefois, il n'a jamais été simple de savoir comment entrer dans cette maison de mots et de concepts, comment partager cette série d'activités nommées « contemplation », « critiques », « méditations » – entre autres.

Toutes sortes de portes ont été essayées. Presque toutes passent par l'histoire des idées, l'exposé des doctrines, la lecture des œuvres majeures, l'analyse des notions. Ces passages fonctionnent, mais au prix de multiples ratés et de nombreux malentendus. Car, bien souvent, ces portes savantes entretiennent l'idée fausse que la philosophie est seulement pour quelques-uns, réservée à une forme d'esprits particuliers, destinée à demeurer hermétique pour les autres. Plus encore, ces portes classiques, souvent austères et imposantes, renforcent la conviction, plus fausse encore, que la philosophie est essentiellement affaire théorique, purement intellectuelle, coupée des réalités quotidiennes.

Les petites expériences qui suivent sont toutes construites sur une démarche exactement inverse : elles s'emparent de gestes familiers, de situations concrètes. Leur matière première, ce sont les saveurs, bruits, odeurs, paroles et objets qui nous entourent – parmi les plus banals : camembert, ordinateur, bout de ficelle… Chaque fois, il s'agit de les faire entrer dans un minuscule tourbillon insolite, une sorte de bref dérèglement, volontaire et baroque.

Le but de ces jeux : retrouver l'étonnement. Car, sans cesse, il faut replonger, derrière la banalité des travaux et des jours, dans cette source première de toute aventure philosophique, cette forme d'ébahissement et de stupeur, entre rire et curiosité, que suscite l'étrange présence du monde, sa déconcertante diversité, ses énigmes à foison. C'est indispensable, parce qu'aucune question philosophique ne vous parlera jamais vraiment si vous n'avez pas d'abord éprouvé, par vous-même, son ancrage dans votre corps, vos émotions, vos relations à vos proches. Les concepts, les théories et les livres viennent ensuite, pour trier, creuser, mettre de l'ordre, préciser…

Mais l'acte 1, c'est d'éprouver ces troubles déclencheurs de réflexion. C'est à cela que veulent aider ces petites expériences – rien de plus, mais rien de moins. Elles offrent, selon le terme qui vous conviendra le mieux, déclics, impulsions, mises en route, coups de pouce, chiquenaudes.

Pour y parvenir, elles proposent quelques décalages et fissures dans nos habitudes et routines.

Afin de faire renaître cet étonnement qui incite à penser, il faut d'abord faire un pas de côté, perturber nos repères, casser les codes du quotidien. Cela passe par de minimes délires, de brèves excursions vers l'inattendu, qui font entrevoir un autre paysage mental, de nouveaux voyages à poursuivre.

Cette suite, ce sera à vous d'en décider. Ce qui vient après l'expérience – les questions qu'elle suscite, les chemins qu'elle ouvre – dépendra de vos choix. Le déclic ne prescrit pas une trajectoire fixe, ne dicte pas de réponse toute prête. Il vous aide à sortir des chemins balisés, il ne conduit pas à une destination arrêtée à l'avance.

C'est ce qui différencie radicalement ces petites expériences de quantité de livres récents voulant initier à la philosophie de manière vivante, amusante et facile. Bons ou mauvais – beaucoup sont intéressants, beaucoup sont exécrables –, ces ouvrages contiennent toujours des réponses prédécoupées. Quand une activité est proposée, au lieu d'être une impulsion, elle devient un simple moyen pédagogique : si vous faites tel exercice, alors vous allez mieux comprendre telle notion.

Les petites expériences de ce livre diraient plutôt aux lecteurs : « En faisant ce que je propose, vous serez peut-être quelque peu bousculé(e), dérangé(e) dans vos habitudes et certitudes. Mais vous allez découvrir quantité de nouvelles questions, que vous ne soupçonniez peut-être même pas. Quand vous commencerez à les apercevoir, ce sera à vous de poursuivre, de chercher celles qui vous intéressent le plus. Ne comptez pas sur moi pour vous dicter la solution. D'ailleurs, il n'y en a pas, ou plutôt, il y en a toujours plusieurs, conduisant à leur tour à d'autres interrogations. Je vous laisse donc partir vous-même en quête des réponses, si elles existent, qui vous conviendront le mieux. Pour vous aider, j'esquisserai des pistes, des directions, mais le voyage n'appartiendra qu'à vous. Librement. Rien ne vous empêche, toutefois, d'en discuter avec vos amis. C'est même fortement recommandé.»

Il n'y a aucune raison, en effet, pour que les voyages philosophiques soient forcément des aventures en solitaire. Au contraire, c'est toujours à plusieurs voix que se poursuit le mieux la réflexion. Confronter ses idées et ses manières de comprendre à celles de ses amis est sans doute la plus sûre façon d'avancer. Car l'amitié ne suppose évidemment pas qu'on soit du même avis, qu'on ait les mêmes réactions. C'est tout l'inverse : entre amis, la confiance permet d'exposer différences, divergences et désaccords.

C'est bien pourquoi, depuis qu'existe la philosophie, elle a partie liée avec l'amitié, le partage de la parole, l'échange des arguments, questions et objections. D'ailleurs, même le plus solitaire des penseurs s'adresse toujours aux autres, ne serait-ce qu'à l'intérieur de sa tête. Mais il y a plus festif, heureusement. Personne ne niera qu'une idée change souvent de visage quand nous sommes plusieurs à en parler, comparant nos approches et nos cartes mentales.

Les expériences qui suivent, il est donc possible de les faire à plusieurs, de les éprouver seul, de confronter ensuite ses impressions et interrogations à celles de ses amis. En fait, il n'y a pas de règle imposée. Chacun, comme le rappelle le mode d'emploi qui suit, peut faire à sa guise. Sauf sur un point, directement lié à la porte tambour.

Si vous ne sortez pas à temps de la porte tambour, vous vous retrouvez à votre point de départ, vous n'êtes pas vraiment entré, vous êtes aussitôt ressorti. Ces expériences fonctionnent sur le même principe. Il faut d'abord se laisser emporter par le mouvement, celui d'une certaine dinguerie qui vous écarte de la trajectoire normale, vous fait dévier de manière excentrique et centrifuge. Faire craquer le vernis des évidences, multiplier les fissures dans un monde lisse, provoquer de minimes délires dans nos univers raisonnables, voilà le mouvement du tambour.

Mais ensuite, une fois passé de l'autre côté, celui de l'étonnement, des chemins vers la philosophie, il faut impérativement sortir de ce tambour, quitter l'expérience, commencer à s'orienter dans les pistes à explorer, trouver son chemin dans cet espace nouveau que la porte permet de fouler.

C'est en ce sens que ces petites expériences fournissent une voie d'accès possible vers la philosophie. Non pas en exposant des concepts, en expliquant des doctrines, mais en proposant de minimes processus qui peuvent permettre de changer d'espace mental. Voilà, somme toute, une ambition modeste. Quoique…

Mode d'emploi

L'ordre de la lecture est libre, rien n'oblige donc à suivre celui proposé.

Une à six expériences par jour. Ne pas dépasser la dose prescrite. Au-delà de dix, de rares cas d'overdose ont été signalés.

Selon ce qu'on préfère, les expériences peuvent être seulement lues et n'être que mentales. Il est évidemment possible de les faire « en vrai », que ce soit seul(e) ou bien à plusieurs. Dans tous les cas, une discussion collective est recommandée – de vive voix, ou sur le Web.

Si une expérience vous déplaît, cherchez pourquoi, et passez à une autre.

La plupart des expériences conduisent à plusieurs pistes de réflexion qu'on peut suivre à sa guise. Ce sont seulement des suggestions, pour celles et ceux qui cherchent dans quelle direction continuer. D'autres pistes sont toujours possibles et souhaitables, que chacun(e) inventera à son gré.

1
Envelopper n'importe quoi

Prenez une pièce de monnaie et un morceau de papier. Pliez le papier, approximativement, autour de la pièce. Tentez ensuite la même manœuvre d'enrobage avec un stylo, une chemise, une assiette, un livre, une chaussure, une boîte de conserve. La dimension du papier nécessaire varie, le mode de pliage également, la difficulté relative de l'empaquetage aussi. Et la forme du résultat, cela va de soi.

Ce qui demeure sans changement, dans cette suite de paquets inutiles, arbitraires – informes, si vous n'êtes pas un surdoué du paquet-cadeau et que vous essayez pour la première fois de faire tenir une chaussure dans une feuille de papier... –, c'est un sentiment d'étrangeté auquel, habituellement, on ne prête guère attention.

Envelopper une chose, du point de vue des gestes quotidiens et efficaces, c'est la mettre à l'abri – des coups, des poussières, des intempéries, des chocs ou des regards... Ça permet d'expédier à moindre risque, ça sert à entreposer, ranger, soustraire à l'usure et la saleté.

Ces résultats pratiques masquent le trouble bizarre qu'introduit l'enveloppe au cœur de la présence. La chose enveloppée est toujours là, mais pourtant absente. Elle devient inaccessible sans disparaître pour autant. Elle est là, mais abstraite, soustraite, retirée. Rien ne subsiste de perceptible de ses couleurs, de ses contours exacts, de ses arêtes et de ses détails. Seule persiste une forme floue, méconnaissable, une présence qu'il faut deviner – peut-être même supposer, plus que vraiment percevoir – sous l'enveloppe.

En un sens, l'objet familier perdure, il n'y a pas à en douter. Il suffit d'ailleurs de déplier le papier pour retrouver son stylo, sa chaussure ou son assiette, identiques, inchangés, stables et disponibles. Pourtant, en un autre sens, ce même objet familier est anéanti pour notre perception, du fait même qu'il est soustrait au regard, privé de ses qualités habituelles.

Ce qu'apprend ce jeu simple ? Il suffit de très peu pour perturber le monde, le rendre étrange, en partie inaccessible. Une feuille de papier, une pellicule, un fin enveloppement, un rien de dissimulation et de rapt. Comme si, en fait, nos plus simples évidences ne tenaient qu'à un fil. Voilà qui inquiète ou bien qui amuse, selon les moments et les tempéraments.

2
Changer de galaxie

La disparition des Martiens est un grand malheur, on ne l'a pas assez dit. Ces gens-là, c'était quand même une solution. Il suffisait de songer à eux pour rêver d'exotisme radical, de dépaysement grandiose, de « tout autre ». Ils fournissaient à bon compte un aliment toujours disponible au délicieux vertige de la pluralité des mondes : intelligences dissemblables, apparences incertaines, pouvoirs mystérieux.

À présent, plus personne ne leur prête attention. D'ailleurs, tous les extraterrestres sont en crise. La preuve : on a beau les traquer à coups de radiotélescope géant, pas un mot, pas un signe. Total silence radio. Ce mutisme permanent constitue, pour certains, une preuve indubitable de leur existence : des êtres supérieurement intelligents ne veulent évidemment pas entrer en relation avec nous !

Il n'en reste pas moins qu'ainsi dépeuplé l'horizon devient morne. Un univers sans surprise vaut-il la peine d'être exploré ? Il se révèle vite désolé et désolant. Rassurez-vous, il existe un moyen de s'en sortir ! Laissez tomber galaxies inaccessibles et planètes lointaines. Pour changer totalement d'univers, il y a bien mieux, bien plus fort. Et tellement plus facile.

Allez seulement au coin de la rue. Chez un paralysé, si vous êtes valide. Chez un SDF, si vous avez un toit.

Chez un grand malade, si vous êtes bien portant. Chez quelqu'un de riche, à tel point que vous ne saviez même pas que c'était possible, si vous êtes très normalement non riche. Chez quelqu'un qui, faute de moyens, rationne ses repas, se chauffe mal, ne se soigne plus, reprise ses vêtements, si vous êtes pourvu. Certes, il se peut que tous ne se trouvent pas au coin de la rue. En ce cas, allez au coin suivant. La plupart du temps, ce sera suffisant.

En fait, ce n'est que ça, la pluralité des mondes. Juxtaposés, côte à côte mais s'ignorant, des gens qui agonisent et d'autres qui naissent, des malades et des bien portants, des affamés et des repus. Y ajouter amoureux et laissés-pour-compte, aigris et miséricordieux… et tout ce que vous voudrez. Selon l'âge, l'état du corps, le montant de la fortune, selon encore le climat, le quartier, l'époque, dans ces univers parallèles, pratiquement tout diffère – depuis les odeurs jusqu'aux croyances, sans compter les vêtements et les gestes, les mots et les désirs. Et même ce que les yeux, sans parler, laissent entrevoir.

Aux explorations intergalactiques, préférez donc ces périples intersidérants. Vous y découvrirez combien changer de galaxie est aussi simple – et difficile – que de changer d'étage. Mais plus déconcertant, cela va de soi. Si vous les observez bien, vos voisins seront toujours plus déroutants que les Martiens d'autrefois. Reste que, pour les rejoindre, la construction du vaisseau spatial est parfois aussi compliquée.

3
Inviter des inconnus à dîner

Virtuellement, un milliard d'amis vous attendent sur Facebook. En fait, vous rencontrez toujours les mêmes têtes. Idéalement, vous soutenez que les êtres humains sont tous égaux, tous dignes d'intérêt, à un titre ou à un autre. Mais vous ne fréquentez que vos copains, vos cousins, vos collègues. Ça suffit !

Invitez des inconnus à dîner. C'est simple et concret. Et ce n'est pas coûteux, car rien ne vous oblige à organiser un banquet démesuré. Six ou huit personnes suffisent, même trois ou quatre feront l'affaire. Pour le menu, inutile qu'il soit gastronomique. De bonnes pâtes et des fruits, par exemple, conviennent à toutes les exigences – religieuses, budgétaires et diététiques…

Les difficultés commencent quand il s'agit de trouver des inconnus. Où donc s'adresser ? Pas d'agence, pas de site spécialisé. À vous d'inventer : réseaux sociaux, mot chez la boulangère ou petites annonces gratuites, ce ne sont pas les moyens qui manquent.

La première découverte, c'est qu'il n'est pas commode de savoir qui est « inconnu ». Ce n'est pas simplement une personne choisie au hasard : inviter « des inconnus » ne signifie pas inviter « n'importe qui », puisque vous pouvez accepter ou refuser tel ou telle. En fait, l'embarras vient des critères à retenir. Si vous n'acceptez que des gens au profil plus ou moins familier, vous resterez en terrain balisé. Mais comment donc connaître des inconnus ? Cela reviendrait à savoir d'avance que vous ne savez pas encore… Ce n'est pourtant que le commencement de l'insolite.

La suite réside dans ce que vous allez découvrir, mais sur vous-même, plutôt que sur les autres. Le plus probable est que ces dîners ne vous apprendront pas grand-chose sur les autres, mis à part leurs modes d'existence, leurs emplois du temps ou leurs trajectoires – les banalités de la vie, somme toute.

L'intéressant, c'est plutôt ce que vous éprouverez, vous : appréhensions, petits délires, espérances idiotes, inquiétudes sans objet. Dès qu'il est question d'inconnus, chacun commence à s'inventer des histoires. La morale de celle-ci, c'est que l'inconnu(e) n° 1 que vous convierez à dîner, évidemment… c'est vous !

4
Confier ses courses à quelqu'un

Pour les achats de tous les jours, vous avez vos préférences. Des aliments que vous aimez, d'autres que vous n'achetez jamais. Des produits d'entretien que vous privilégiez, d'autres que vous ignorez. Il y a aussi les magasins, les enseignes, les marques qui ont votre confiance, et d'autres non. Bref, vous avez des habitudes. C'est légitime. Rien à redire.

Pourtant, vous allez jouer à tout changer. Pour vingt-quatre heures, quarante-huit heures ou une semaine, à votre choix. Risques minimes, effets garantis. Avec un peu de chance, la surprise sera totale. Il suffit de trouver quelqu'un que vous allez laisser faire les courses pour vous à son idée. Choisissez une personne de confiance – voisin ou voisine, cousin ou cousine – mais pas trop proche, et confiez-lui l'argent nécessaire pour vos provisions pour vingt-quatre heures, quarante-huit heures ou une semaine, au choix.

Bien sûr, aucune consigne ! Surtout pas de liste ! Le moins possible d'indications... Tenez-vous strictement à « faites comme pour vous », « je vous donne carte blanche », « allez où vous avez l'habitude », « il me faut juste de quoi faire tant de repas pour tant de personnes ». Les détails, les explications, la raison de cette demande inhabituelle, vous les improviserez selon les circonstances et les interlocuteurs. Seul objectif : qu'on vous rapporte des provisions en quantité suffisante pour la somme d'argent que vous avez fixée.

Tout le reste, c'est la surprise. Ou plutôt, une multitude de micro-surprises, de décalages infimes et radicaux. Ni les mêmes fruits ni les mêmes légumes. D'autres conserves, d'autres condiments. Des marques inhabituelles, des conditionnements inconnus, des goûts insolites. Quelques choix vous irritent, d'autres vous ravissent, la plupart vous dépaysent.

Au premier abord, vous vous féliciterez peut-être d'avoir limité les dégâts à vingt-quatre heures seulement. Mais il se pourrait bien que, le surlendemain, vous rêviez déjà de répéter l'opération « courses surprise » plus longuement, avec d'autres partenaires, ou en inventant des variantes. Car vous commencez à entrevoir comment les regards des autres démultiplient le quotidien imprévisiblement.

5
Acheter un camembert ou du saké

Avec un camembert, on ne saisit pas, au premier regard, quelle expérience de pensée peut s'inventer. Aventure gustative, peut-être, mais réflexive ? Et philosophique, qui plus est ! Inutile d'insister : le fromage est affaire de papilles, pas de concepts. Eh bien non, je soutiens que l'idée même d'acheter un camembert peut se transformer, sans frais ni grand effort, en expérience intéressante, voire enrichissante. Et je le prouve à l'instant.

Pour commencer, répondez à quelques questions simples. Étape initiale : qu'est-ce qu'un camembert ? Soit vous ne savez pas, soit vous avancez des généralités (« fromage français »), soit vous faites preuve de quelques connaissances précises (« nom d'un village de Normandie », « au lait cru ou pasteurisé », « fermier », « moulé à la louche », « fait à cœur »). Vous voilà situable dans l'échelle (ouverte) de la camembertologie universelle.

Seconde étape : à quelle distance êtes-vous du plus proche camembert négociable ? Est-il au coin de la rue, à trois heures de voiture, à deux jours de marche ? La réponse est très différente selon que vous êtes en France, au Sahel, au Yémen, au Bhoutan ou dans l'Altiplano andin.

Ce qui conduit, harmonieusement, à la dernière interrogation : quelle place tient le camembert dans la société où vous vous trouvez actuellement ? Les gens que vous croisez dans la rue savent-ils de quoi il s'agit ? En mangent-ils ? Un peu, beaucoup, passionnément, à la folie, ou pas du tout ?

Voilà comment il devient possible, avec les moyens du bord (en l'occurrence, un camembert purement mental), de mesurer diverses distances – culturelle, géographique, sociale – entre vous, ceux qui vous entourent et un produit du terroir français pris comme centre de référence. Évidemment, il n'est pas question d'en rester là. Le camembert est seulement un repère galiléen possible (comme diraient les mathématiciens). L'expérience doit se poursuivre en le comparant à d'autres.

Les mêmes questions peuvent se poser à propos, par exemple, du kimchi coréen, du bétel indien, du manioc africain, du quinoa bolivien. Quel que soit l'aliment, vous aurez à évaluer la familiarité – étroite, moyenne ou nulle – que vous entretenez avec lui, et la facilité, ou la difficulté, pour en obtenir là où vous vous trouvez. S'agissant du saké, par exemple, si vous ne savez pas du tout ce que c'est, ou si vous vous confondez lamentablement le *mei kuei lu* des restaurants chinois avec l'authentique *nihonshu* japonais, vous n'habitez pas la même planète que les individus capables de distinguer le *guinomi* de l'*ochoko* (coupe et petite coupe à saké) ou l'*atsukan* du *hito ada* (saké très chaud, ou à température du corps).

Encore un effort, et vous verrez bientôt s'esquisser une multitude de cartes du monde. Ou plutôt, au lieu d'un seul univers, où chacun serait censé trouver uniformément à sa disposition ce qu'il connaît et déguste, vous commencerez à entrevoir une infinité de contrées, parallèles ou sécantes. Vous pressentirez qu'existent, entre de très simples aliments, et de non moins ordinaires consommateurs, d'insondables distances, et parfois des réseaux, plus subtils qu'il n'y paraît. Vous aurez saisi, finalement, que toute nourriture peut aussi fonctionner, si on le veut, comme une boussole, un pantographe ou un planisphère.

6

Faire croire qu'un autre se fait passer pour vous

Il était bien compliqué, autrefois, de se faire passer pour un autre. Il en fallait des ruses ! Fabriquer de faux papiers, changer son apparence, éviter de fréquenter des gens connaissant de près celui, ou celle, dont on usurpait l'identité… Ces anciennes complications ont disparu. Rien n'est plus facile, à présent, que de se glisser sous l'identité d'un autre : une photo glanée sur le Web, quelques données bio prises de-ci de-là – on en trouve en ligne, désormais, pour tout le monde –, et vous voilà en mesure d'ouvrir une adresse e-mail, une page Facebook, un compte Tweeter au nom de n'importe qui, puis d'envoyer des messages à sa place, de signer de son patronyme des déclarations dont il (ou elle) ne sait rien…

Évidemment, c'est répréhensible. L'usurpation d'identité est un délit caractérisé, pénalisable dans de nombreux pays. Le fait qu'il soit à peu près impossible, sauf exception, de prouver quoi que ce soit ni d'engager des poursuites n'est évidemment pas une excuse. Outre l'aspect faux jeton de cette plaisanterie, les dommages sont incalculables. Mieux vaut écarter cette idée. Faut-il donc renoncer ? Oui. Sauf si…

Vous imaginez d'usurper… votre propre identité ! Faire croire qu'un autre se fait passer pour vous, alors que cet autre n'est que vous-même, voilà qui commence à devenir intéressant. Pour y parvenir, les moyens sont multiples. Par exemple : envoyez à quelques personnes de vos connaissances des messages inadéquats, qui accréditeront l'hypothèse d'un détournement de votre carnet d'adresses, déformez certains faits réels de votre biographie, ce qui vous permettra de dénoncer aisément une imposture probable, faites prendre à votre usurpateur fictif des positions politiques, religieuses ou idéologiques différentes des vôtres.

Dans le fond, peu importe les manières de faire. Car l'essentiel à méditer est bien l'aspect philosophique de cette situation paradoxale. Jusqu'à présent, c'était toujours un autre qui se faisait passer pour je, ou je qui se faisait passer pour un autre. Cette fois, tout se joue un cran au-dessus : je se fait passer pour un autre qui se fait passer pour je. Cette nouvelle manière de se regarder du dehors complique l'introspection. On devrait la considérer avec circonspection.

7
Retrouver la bande-son

On ne fait que regarder. Tout passe par la vision. D'écran en écran, de page à lire en film à voir, de paysage en portrait… Même pour se parler, c'est face à face, les yeux dans les yeux. Comme s'il fallait nécessairement se voir pour mieux s'entendre. Pourquoi ne pas explorer d'autres versants du monde ? Commencez donc à tourner votre attention ailleurs, à orienter autrement votre sensibilité. Au lieu de l'image, pour une fois, occupez-vous du son.

Des sons, plutôt. Omniprésents, mais négligés. Confondus, amalgamés les uns aux autres, cantonnés en général dans des rôles secondaires. Pas même remarqués, souvent. Et pourtant toujours là, à portée de tympan, dès qu'on veut. Retrouvez-les, il suffit d'une seconde. Tendre l'oreille, simplement. La bande-son vous réserve des surprises.

Rien que se laver les mains, par exemple, c'est un concert ! Chuintements du jet d'eau, éclats des rebonds à la surface du lavabo, *flips flaps flops* de la mousse, ruptures de rythme quand on retire un doigt du jet, qu'on frotte une phalange ou rince les paumes.

Ou bien : se poser un instant dans un jardin public, et fermer les yeux. Au lieu d'un flux sonore compact, homogène et indistinct, chaque brin de son du jardin se délie. Ici, oiseau obstiné siffleur suraigu. Là, scooter qui démarre.

En fond, urbain tohu-bohu, brouhaha uniforme et ténu. Premier plan : cri d'enfant, par intervalle. Derrière, une femme téléphone. Et puis, régulier, discret, interminable, à peine audible, le chapelet qu'égrène la petite fontaine, jet malingre, gouttes perlées tombant une à une dans une mare minuscule.

Toujours plusieurs sons, jamais un seul. Ou si rarement. Même quand les sons semblent lisses – chuchotis des pneus les soirs de pluie dans les rues, murmures de foule dans les stades, roulis d'écume en bordure d'océan –, des grains se détachent, des stridences parfois, en contrepoint. En fait, les sons mènent leur vie. En bande, en contrebande, en meute, ou solitaires, ils se cherchent, se répondent, se quittent et se brouillent, s'associent ou bien se disjoignent.

Illusions : croire que les sons accompagnent, qu'ils sont seulement les bruits de quelque chose, ou encore qu'ils se soucient de nous, d'une manière ou d'une autre. Ce sont là de graves égarements. Car les sons ne font vraiment aucun cas de nos avis, nos humeurs, nos soucis. Les sons sont, cela leur suffit bien. Mais ils ne sont pas chiens. Dès qu'on leur prête l'oreille, ils s'en donnent à cœur joie. Vous auriez tort d'hésiter. On les trouve par myriades tout alentour, soulevés par le moindre geste, traversant l'air et l'eau. Vous pourrez toujours en faire un bon usage – si vous savez les approcher comme il convient.

Car il faut du tact, si l'on peut dire. Rien n'est plus facile à étouffer qu'un son. Rien n'est plus effarouchable qu'un petit bruit éphémère, comme un frottement sur une surface à peine effleurée. Même les grands fracas sont très timides, contrairement à ce qu'on pourrait croire. C'est donc tout un savoir ouïr qu'il vous faudra peu à peu élaborer. Vous y découvrirez, par exemple, que les clapotis détestent les bourdonnements, que les crissements résistent à tout. Délice absolu : d'infimes craquements, brefs et secs, s'alliant aux grands hululements du large dans la lande les soirs de houle… À vous de trouver les vôtres.

8
Collectionner des riens

Une part de folie accompagne les collections. Dans l'infinité des choses du monde, en rassembler qui se ressemblent, mais qui aussi se distinguent, se concurrencent, se comparent, s'additionnent et se soustraient. C'est la tâche obscure du collectionneur, son obsession minutieuse, interminable et hasardeuse. Un peu dingue.

Cette part de folie, il faut la pousser plus loin. Normalement, les collectionneurs traquent des choses notables. Pas forcément précieuses, pas nécessairement rares, mais notables – par leur style, leur époque, leur témoignage insolite ou émouvant sur tel ou tel moment de l'activité humaine.

Pourquoi ne pas tenter des collections de riens, choses insignifiantes, non remarquables, à peine repérables ? Des brins de moquette mauve, des mégots de cigarettes turques, des cailloux gris dépourvus d'aspérité et de petit calibre, ou bien de courts brins de ficelle, des élastiques, des étiquettes de confiture de kiwis, des grains de riz, des morceaux d'allumettes, des trombones, à votre choix.

Après tout, peu importe. La seule chose qui compte est que vous persévériez assez longtemps pour que votre collection s'étoffe, qu'elle commence à devenir imposante. Vous aurez des petits riens du monde entier, de diverses époques, des banals et des très rares, des curieux et certains que vous affectionnerez plus que d'autres. Vous aurez peut-être des émules, éventuellement des concurrents, traquant eux aussi les mêmes riens que vous, susceptibles malgré tout de devenir vos alliés pour quelques échanges.

Qu'aurez-vous compris, en fin de compte ? Qu'aucune collection ne vaut principalement par ses objets. Ce qui compte, c'est le geste qui rassemble, non les choses rassemblées. Ce geste est lié à votre vie. Sans vous, jamais ces fils de moquette mauve ou ces morceaux d'allumettes n'auraient été rapprochés. Ils seraient restés à l'état dispersé dans le chaos ambiant. Vous seul les avez repérés, ramassés, transportés, réunis, conservés.

Il se pourrait que ce soit cela que nous faisons de la vie : mettre ensemble des riens séparés.

9
Se faire une idée de la poussière

Le plus souvent, personne ne s'y intéresse. La poussière fait partie des déchets et résidus, zone grise où stagne – hors la vue, hors l'attention – la part du monde laissée de côté. C'est toujours là qu'il faut tenter d'aller fouiller, évidemment. Dans le négligé, l'écarté, le refoulé, se tiennent en effet les énigmes organisatrices du visible. Peu importe que le point de départ paraisse trivial, ou même inepte. En creusant, on trouve matière à vertige.

À première vue, la poussière n'est qu'une énigme domestique. Perpétuellement chassée – balayée, aspirée, chiffonnée, plumoïsée –, toujours elle renaît. D'où vient-elle ? Par où passe-t-elle ? De quoi est-elle faite ? Les gestes quotidiens écartent ces questions. Le nettoyage les remplace : la poussière n'est pas à interroger. L'éliminer suffit.

Pas sûr. Car on peut s'étonner de cet éternel retour, et de l'obstination infinie qu'une maison propre exige. Que serait donc un monde livré à la poussière, abandonné tout entier à son enrobement lent ? Serait-ce un univers ouaté, protégé, adouci, alangui ? Un cauchemar, au contraire, enfoui sous une chape indistincte et duveteuse, comme un halo d'horreur grisâtre ?

Suivre la pente de cette fiction nous ferait manquer le plus troublant. La poussière, en fait, est une énigme ontologique. Ni néant, ni étant – quelque part entre les deux, elle est à la fois évanescente et agglutinante, ténue et têtue. À la frontière du solide et du gazeux, matière pratiquement dépourvue de forme, elle déjoue, mine de rien, les catégories de la métaphysique.

Du coup, tenter de se faire une idée de la poussière se révèle être une expérience limite. Car, pour avoir ce qui s'appelle une idée – claire et distincte, nettement pensable –, des contours sont indispensables. Limites nettes, arêtes roides, voilà ce qui est exigé, depuis que le terme même est apparu : « idée », en grec, se dit *eïdos*, « forme » – pas de forme, pas d'idée ! La poussière semble donc impensable. Informe, flottante, pulvérulente, en lisière du visible et du palpable, elle paraît être ce dont la pensée occidentale ne peut parvenir à se faire idée.

Pour penser la poussière, il faudrait aller voir ailleurs, autrement. Réfléchir par d'autres voies. Du côté du fluide plutôt que du solide. Du flou plutôt que du net. Du discontinu plutôt que du stable. Vers les fumées, les brouillards, les nuages, les scintillements éphémères. Vers l'attention portée au rebut, la rédemption des déchets, l'égale dignité de toutes les matières.

Le voyage, s'il était possible, serait long et incertain. On l'imagine tantôt décourageant, tantôt émerveillé. Au terme d'un long périple, le monde peut-être apparaîtrait sous une autre lumière – même et autre, intégrant la poussière au lieu de la laisser pour compte. On aurait en chemin mobilisé Lucrèce, comparant mouvement des atomes dans le vide et scintillement soudain des floches révélé par un rai de lumière. On serait allé jusqu'en Inde trouver les *dharma* instantanés apparaissant et disparaissant dans la vacuité.

Un moment, on crut, de cette façon, pouvoir s'approcher d'une idée de la poussière. C'est alors que la perspective s'inversa. Il apparut soudain que c'était en fait la poussière qui était le modèle secret des idées. C'était elle qui les rendait possibles. Dans la pensée, faire le ménage est en fait une activité circulaire : en faisant le ménage dans les idées, on produit des poussières nouvelles, qui nécessitent de nettoyer une nouvelle fois, en produisant de nouvelles poussières. Et ainsi de suite. Cela s'appelle l'histoire de la pensée.

10

Apprendre à goûter les lumières

On parle d'une lumière crue. Pourquoi pas cuite ? Ou juste saisie, à peine revenue. Ou bien une lumière vapeur, molle et tiède. Ou encore craquante, cristallisée, ou mousseuse, émulsionnée. On peut s'engager sur cette piste : tout indique que les mots des saveurs peuvent parler des cieux.

Il y a des lumières fades, insipides, façon bouillon clair, eau tiède ou tisane. Des épicées, flamboyantes, arracheuses, gorgées de feu. Des suaves, douces, sucrées. Des mielleuses, des pâteuses, des écœurantes. Des lumières sablées, d'autres feuilletées. Des grillées, des pochées, des mijotées, des fondues, des gratinées.

Parler de « la » lumière est un égarement. De même qu'on ne peut parler de « la » saveur – comme s'il pouvait n'y en avoir qu'une. Au contraire, seul règne le multiple. Des saveurs, toujours. Et des lumières, évidemment – au pluriel irréductiblement, disséminées, diffractant le monde en une infinité de lieux aux intensités non comparables.

Lueurs piquantes des matins de printemps dans les champs déjà chauds, éclats blessés des midis d'automne, notes acides des aubes de glace l'hiver au sommet, arrière-goût âcre des villes brumeuses – autant d'approximations grossières et de désignations frustes. La multiplicité infinie des lumières – de lieu en lieu, minute après minute, au jour le jour – ne peut se dire mais doit se montrer.

Toutefois, la capacité à les discriminer s'éduque. Après avoir abandonné l'idée absurde qu'il n'y aurait qu'une seule lumière, il est possible de s'exercer à saisir les nuances fugaces, éternellement réinventées. Accepter de ne voir jamais deux fois la même. Savoir que le flux infini ne peut s'interrompre. Comprendre que l'existence des ténèbres est une légende – l'extinction des lumières ne correspond à rien.

Ce qu'on appelle la nuit est composé de lumières ombreuses, opaques, denses, parfois tout à fait noires. Leur goût engendre des rêves et des errances tant qu'on n'a pas fait l'apprentissage de leurs puissances sourdes ni découvert combien elles enveloppent et rassurent dès qu'on les apprivoise.

On évitera plus que tout de développer une quelconque phanisophie, qui consisterait à rechercher systématiquement des alliances de lumières, des suites spécifiques ou des dissonances étonnantes. Les lumières ne se prêtent ni aux trafics ni au snobisme. On devra se contenter – ce qui suffit bien à une existence, voire à plusieurs – de suivre au hasard le cours de leur surgissement émerveillant.

Une fois parvenu assez loin dans cette expérience, il sera temps de revenir en arrière, d'examiner quelques points de méthode. Histoire de saisir qu'il n'est pas simplement question, ici, de poésie, mais aussi de règles de base. D'abord, toujours faire confiance à la langue et à son savoir : « lumière crue » était un point de départ suffisant pour se laisser porter par sa logique. D'autre part, ne jamais faire confiance aux unités (la saveur, la lumière, la nuit), car elles n'existent pas, sauf de manière illusoire, comme autant de constructions artificielles. Une politesse élémentaire est de ne pas les cautionner. Savoir enfin qu'il est toujours possible de faire du sens avec trois fois rien – bouts de ficelle, fragments de mots, éclats de soleil –, à l'unique condition de devenir attentif à ce qu'ils sont déjà.

11
Organiser un concours de surprises

Ça ne doit pas durer plus de quelques semaines, au maximum deux ou trois mois. Choisissez le moment de l'année où se concentrent le plus d'anniversaires, de fêtes, d'événements concernant plusieurs d'entre vous. Ouvrez le concours. La personne ou l'équipe gagnante sera celle organisant la plus belle surprise durant la période fixée.

Forcément, quelqu'un va dire : « Si on sait qu'il va y avoir une surprise, ce n'est plus une surprise ! » Objection rejetée. Au contraire, cela renforce la difficulté, la nécessité du secret, des cachotteries affectueuses, des complots amicaux.

D'ailleurs, ce qui compte n'est pas de rendre la surprise plus compliquée ou plus facile. L'essentiel n'est même pas de gagner le concours. En fait, il s'agit avant tout de chercher en quoi consiste une surprise. En les préparant, en les comparant, en tentant d'établir des critères pour les discussions du concours, vous verrez que ce n'est pas simple du tout.

C'est même extraordinairement subtil. Parce que la meilleure surprise est celle qui, dans le même temps, étonne et se révèle familière. Elle doit parler, du dedans, à celle ou à celui qu'elle surprend. Inattendue par son surgissement, elle doit correspondre aussi à quelque chose d'attendu, d'espéré. La surprise doit également être soudaine mais proche. Elle est réussie si elle réjouit, étonne un peu, mais ne sidère pas.

La vraie surprise, la plus belle, émeut du dedans celui qui la reçoit, parce qu'elle touche son intimité. « Mais comment as-tu deviné ?… Je n'aurais jamais pensé que tu savais ça… » Voilà ce que fait dire la surprise réussie.

Elle suppose donc une enquête, une information, une suite de déductions, mais aussi une sensibilité, un tact, une capacité fine et affectueuse pour se mettre à la place de l'autre, pour savoir et sentir ce qui va lui faire éprouver une joie réelle.

Or ce n'est pas nécessairement ce qui nous plairait, ce qui nous mettrait en joie, ce qui nous conviendrait. Mais c'est bien à l'autre, et pour l'autre, que l'on fait une surprise. Non pour soi, ni à soi. C'est pourquoi la belle et vraie surprise n'est pas affaire d'argent, mais de tendresse et d'amitié, d'amour et d'affection.

La surprise est toujours « sur mesure », ajustée à une personne, conçue dans une situation donnée. Mais ce sur-mesure est aussi sans mesure. Il n'y a pas de centimètre pour le chiffrer. Seul le cœur compte, assorti d'un affectueux calcul, d'une spéculation sensible sur ce que l'autre va pouvoir éprouver.

Il y a donc un risque de la surprise. Elle peut échouer, décevoir, tomber à côté. Elle est donc, pour cette raison, source d'appréhension, d'attente, d'espoir. Pourvu que ça marche !

Ce qu'elle apprend de plus important, en fin de compte, ce sont les jeux, entre nous, de la proximité et de la distance, de l'amitié et de la ruse gentille. C'est également la nécessité impérieuse de faire en nous un geste de décentrement, pour nous mettre, rien qu'un instant, approximativement, à la place de l'autre.

Le concours n'est évidemment qu'un prétexte. C'est pourquoi il faut l'organiser le plus sérieusement possible.

12
Changer au maximum ses horaires

La routine s'inscrit d'abord dans le temps – répétition des mêmes gestes aux mêmes heures, retour à l'identique des actions qui se succèdent, dans le même ordre, aux mêmes moments. Voilà ce qu'il faut perturber.

Dans la mesure du possible, évidemment. Impossible de conduire les enfants à l'école le soir, d'aller au bureau en fin d'après-midi ou d'ouvrir boutique avant l'aube. Mais on peut toujours, rien que pour voir, se concocter des décalages sans bouger de chez soi.

Levez-vous en pleine nuit, allez faire un tour dans la rue, mangez au petit déjeuner ce qui était prévu pour dîner, terminez la journée par un café-croissants ou un thé-toasts. Ne vous lavez pas à l'heure habituelle, dormez à un moment où vous ne dormez jamais, réveillez-vous à des instants où normalement vous dormez, etc.

L'objectif n'est pas de se faire souffrir. Inutile de vous occasionner de vrais désagréments : le jeu consiste seulement à perturber les automatismes, afin de les voir en pleine lumière. En peu de temps, vous éprouvez l'impression de n'être plus dans les rails, vous découvrez des sensations inconnues, vous vous étonnez de vivre de manière si régulière. Et, si vous revenez avec soulagement à vos cadrages normaux, vous n'oublierez plus qu'ils ne sont que conventions.

Sans doute n'apprend-on que ce qu'on sait déjà. Nous n'avons pas attendu cette expérience pour savoir que des dressages profonds ont façonné notre existence présente. Sommeil, alimentation, digestion, éveil ou torpeur, bonne humeur ou aigreur… toute la machinerie, du bien-être au malaise, a été façonnée pas à pas, ancrée en nous par l'habitude. Nous le savons, certes, mais de manière générale, abstraite, assez floue.

Quand on le constate directement, juste en faisant bouger quelque peu les contraintes, c'est très différent. On prend conscience, concrètement, du poids de ces dressages. Après, il s'agira de savoir ce qu'on souhaite en faire : les renforcer, les accepter, les modifier, les assouplir… C'est à voir, encore faut-il les explorer.

13
Tout déconnecter

Fermez le portable. Débranchez la box. Rangez les télécommandes. Posez les écouteurs. Éteignez tous les écrans. Et observez. Un quart d'heure, le premier jour, juste pour voir. Une demi-heure le deuxième jour, pour mieux observer. Et puis une heure ou deux. Finalement une journée entière, pour éprouver ce que ça change. En notant ce qui se passe, ce qui vous manque. Et ce qui vient en plus. Ou différemment.

Par exemple : êtes-vous sûr(e), déconnecté(e), de manger de la même façon ? De parler, lire, respirer, penser, chanter ou danser de façon identique ? Qu'est-ce qui a changé ? Pourquoi, à votre avis ? Si tant de silence soudain vous angoisse, quelle en est donc la cause ? Que colmatent les réseaux, les mails, les textos ? Diriez-vous, comme Pascal, que tout le malheur de l'homme vient de ne pas savoir rester seul dans une chambre ?

Rien ne vous oblige non plus à trouver l'expérience déplaisante. Peut-être allez-vous prendre un vif plaisir à cette découverte, ou cette redécouverte, d'une seule chose faite à la fois, et faite entièrement, au lieu de jongler toujours avec plusieurs en même temps, en parallèle, en diagonale ou en travers. Goûter un plat, une friandise, un fruit, mais sans rien faire d'autre. Lire un moment, mais ne faire que ça. Écouter une musique, mais elle toute seule.

Ou passer l'aspirateur, mais exclusivement. Peu importe le geste, la sensation, l'activité, mais, au moins pour un moment, une seule chose à la fois.

S'immerger dans ce qu'on fait, ce qu'on ressent, totalement. Juste pour voir. Il arrive qu'en cours de route une idée surgisse. La mettre de côté, pour un moment de pensée. Un bout de temps à ne faire que ça : examiner cette idée, voir si elle n'en contient pas une autre. Prenant deux idées, les frottant l'une contre l'autre, avec un peu d'habitude, on peut toujours en trouver une troisième.

Après, rebranchez tout. Et voyez les différences. Il ne s'agit pas de dire que la vie est moins bien, moins belle ou moins bonne quand on est connecté(e). Ce serait idiot, et passéiste, donc doublement idiot. Le but du jeu n'est pas de retrouver une vraie vie pleine et dense en quittant une fausse vie dispersée. Le but est juste de voir les différences. De les éprouver, de les réfléchir, de commencer à en tirer des questions, des conséquences, des remarques à partager.

14
Prendre un repas à l'envers

Tout est déjà sur le plateau, mais vous allez manger en ordre inverse, à contresens, commencer par le dessert, finir par l'entrée. Cela n'a l'air de rien. C'est presque idiot. Pourtant, c'est très instructif.

Car vous observerez, inévitablement, des sursauts inattendus, des dégoûts étranges, des surprises à méditer. Un café, soit, mais avant le repas ? Et pour commencer ? Un fruit, passe encore. Mais une mousse au chocolat, une tarte aux pommes ou un flan, c'est déjà plus compliqué. Enchaîner avec du fromage, passer ensuite à viande ou poisson ou quelque plat végétarien, achever par une salade (facile) ou bien (moins simple) des sardines, des anchois, une terrine.

Et alors ? À part quelque minime désagrément, qu'est-ce que peut vous apporter ce chambardement éphémère ? Ce qu'il faudra creuser, c'est l'impression d'étrangeté, mais aussi de violence, même toute relative, que vous aurez éprouvée. Elle mesure la puissance de nos habitudes, leur transformation en nature-bis. Rien ne prescrit nulle part qu'il faille manger du salé avant du sucré. Ce n'est inscrit dans aucun génome, aucune loi naturelle. Pure convention, code social, dressage culturel. Mais si bien ancré en nous, devenu tellement évident à nos palais et estomacs que, aussitôt l'ordre changé, quelque chose semble clocher.

Jusqu'à quel point sommes-nous ainsi modelés ? Dans quels autres domaines règnent des conventions du même genre ? Dans quelle mesure pouvons-nous défaire ces dressages, desserrer ces contraintes ? Le faut-il vraiment ? S'agit-il, dans l'ensemble, d'un conditionnement dommageable, néfaste ? Voilà, toutes les questions sont sur le plateau. Vous pouvez les prendre dans l'ordre qui vous plaira.

15
Inventer des rituels

Les grandes messes engendrent de plus en plus de lassitude. Il n'est pas question seulement du culte catholique, mais de toutes ces cérémonies obligées, commémorations organisées, rassemblements prescrits. Leur déroulement est prévu dans les moindres détails. Toutes ces prétendues fêtes qui n'ont rien de festif, ces célébrations qui ne célèbrent rien, vous en avez assez, comme tout un chacun, certains osant le dire, d'autres n'osant pas même se l'avouer.

Pourtant, sans rites, sans codes, sans liens entre nous, même s'ils sont artificiels, la vie risque fort de paraître vide, désertée par le sens et par les signes. Quand il est dépourvu de significations partagées et de gestes spéciaux, compris seulement par ceux qui les reconnaissent, le cours des jours tend à se diluer, à s'affadir.

Alors il faut tenter de fabriquer de micro-rites, à partager entre amis. Des coutumes pour quelques-uns seulement, éphémères, éventuellement, limitées et circonscrites. C'est d'ailleurs ce qui arrive, bien souvent, de manière spontanée : on voit se ritualiser, entre amis, des lieux de vacances, des anniversaires, des recettes, des boissons, des expressions…

Intensifiez ces petites obsessions privées, systématisez-les, transformez-les en jeu expérimental. Instaurez, par exemple, entre vous, des rencontres à dates fixes, des gestes à signification secrète, des expressions codées, des aliments spéciaux.

Publics et privés, pourvus d'un double sens, ces signes rituels ne feront de vos amis ni les membres d'une secte ni les pionniers d'un nouveau monde. Mais ils peuvent vous amener à réfléchir sur cette part essentielle de complicité que tout rituel recèle : ce que nous faisons nous unit, et plus encore si les autres en sont exclus.

En y pensant bien, les applications de ce mouvement d'union-exclusion semblent presque innombrables. Cela signifie-t-il qu'on serait relié à ses amis uniquement par ce qu'on partage avec eux sans le partager avec tous ? Si c'est le cas, comment se répartissent l'amitié et le sens de l'universel ? Une possibilité serait de transformer cette question en une sorte de rituel.

16
Ranger l'existence

Au premier regard, il s'agit seulement, ici, d'assiettes et de placards. Là, de vêtements et d'armoires, d'outils et de boîtes. Ailleurs encore, de documents et de dossiers. Chaque fois, il s'agit de replacer les bons éléments dans la bonne case. Mais pourquoi ? Ranger, à quoi ça sert au juste ?

Simplement à retrouver plus vite ce qu'on cherche ? À éviter de se prendre les pieds dans l'amoncellement chaotique des choses mêlées, amoncelées, confusément entrelacées ? Pas seulement. Il y a plus : ranger des objets, quels qu'ils soient, c'est aussi mettre sa tête en ordre, organiser à la fois le dedans et le dehors, les choses du monde et les chemins de pensée.

Faites donc l'expérience de laisser traîner une assiette, puis deux, puis trois. Un vêtement, puis deux, puis trois. Un papier, puis deux, puis trois. Un dossier, etc. Assez vite, vous vous rendrez compte qu'une certaine forme de tension se crée. Cette tension n'est évidemment pas dans les choses, qui sont rigoureusement identiques, qu'elles soient abandonnées n'importe comment ou mises à la place qui leur est assignée. Cette tension naît dans votre tête du sentiment d'un décalage, d'un dysfonctionnement. Si trop de choses sont dispersées, il devient difficile de se repérer aisément – en *soi-même*, tout autant, sinon plus, que dans l'environnement extérieur.

Bien entendu, la sensibilité à cette tension varie très fortement d'un individu à un autre. Certains ne tolèrent pas qu'une petite cuillère stationne cinq minutes sur une table ni qu'un trombone solitaire s'égare sur le bureau. D'autres naviguent, sans malaise apparent, dans un océan d'objets mélangés, patchworks hétéroclites et capharnaüms d'exception.

À tel point que ces différences, quand elles ne sont pas sources de friction, fonctionnent comme un test révélateur : dis-moi quel est ton fouillis, je te dirai qui tu es. Vu autrement, ce n'est pas uniquement une question de psychologie, mais bien de métaphysique. Ce qui est en jeu : les relations de l'esprit et des choses, des objets et des pensées, de soi et du monde. Décidément, le ménage mène à tout.

17
Rêver des vies d'avant

Il faut avoir un peu de temps, quelques connaissances de base et, surtout, un solide sens des réalités. On peut alors s'embarquer, entre amis, dans le jeu des vies d'avant. Il ne s'agit pas, rassurez-vous, de reconstituer ses réincarnations successives, mais seulement de choisir un lieu de rendez-vous et de se demander ce qu'aurait été, en ce lieu, notre rencontre amicale à telle ou telle autre date du passé.

À l'endroit où nous allons nous retrouver, y avait-il alors des bâtiments ? Les mêmes ? D'autres ? Aucun ? Chacun de nous serait venu à la rencontre des autres par quel chemin, quel moyen de transport, prévenu de quelle manière et par qui ? Habillé de quelle façon ? Comment nous serions-nous connus, à cette époque-là ? De quelle manière nous disons-nous bonjour ? Quels sont les meubles, s'ils existent, quelles sont les boissons, les nourritures, les musiques ?

Quelle langue parlons-nous ? Quel travail faisons-nous ? Nos pensées, nos sentiments, nos émotions sont-ils semblables à ceux d'aujourd'hui ? Assez différents ? Tout à fait autres ?

Si la date choisie n'est pas trop lointaine, les réponses sont relativement faciles. Pour les deux, trois derniers siècles, ce ne sont pas les informations qui manquent. Il est toujours possible, même sans être historien, de retrouver des cartes, des plans, des illustrations, des menus, toute une foule de détails, parfois inattendus, permettant d'aider ce voyage dans le temps.

La situation se complique à partir de la Renaissance, plus encore du Moyen Âge. Pour tenter de nous rencontrer dans l'Antiquité, il ne suffira pas de faire des recherches, de rassembler des bribes d'information. Seule l'imagination pourra boucher les trous.

Inutile de souligner qu'au-delà, pour les centaines de milliers d'années de la préhistoire, le jeu relève presque entièrement de la fiction. De vagues repères existent, mais tout est à inventer.

La première leçon est la découverte concrète de notre relativité historique. Presque rien de ce que nous sommes aujourd'hui – socialement, physiquement, mentalement – n'existait, exactement sous la même forme, il y a seulement cent ans, *a fortiori* il y a mille ou dix mille ans.

La seconde leçon est l'étendue de notre ignorance. Nous pouvons naviguer à vue, tant bien que mal, sur quelques siècles passés. Assez vite, ensuite, l'obscurité s'épaissit. Passé les repères classiques de l'Antiquité, la nuit s'installe. C'est de là, pourtant, que vient l'humanité, dans ce qu'elle a de plus profond, de mieux ancré – ses terreurs et ses espoirs, ses ruses et ses faiblesses. Mais nous n'en savons presque rien.

18
Transformer un faux rendez-vous en vrai rassemblement

Sur le modèle des apéros géants, des manifs surprise et des rendez-vous inattendus, organisez un rassemblement que personne ne prévoit. Rien de plus facile, grâce aux réseaux.

Ce n'est pourtant pas tout à fait aussi simple que vous pouvez croire. Il vous faudra de la patience, pas mal d'amis pour relayer l'invitation, et un peu d'imagination. Car il ne suffit pas de dire «Tout le monde au sommet du Puy-de-Dôme le 15 août» ou bien «Tous à Barneville-Carteret, devant la mairie, le soir du mardi gras» pour qu'une foule docile soudain s'assemble et sans un mot envahisse en masse qui le vieux volcan et qui la commune du Cotentin.

Il va falloir inventer quelque faux motif à ce vrai rassemblement. Forgez par exemple une histoire de trésor enfoui, expliquez qu'il existe une très ancienne coutume, inventez un combat politique, feignez de fonder une secte, dites que vous voulez honorer la mémoire d'un ancêtre ou l'arrivée des extraterrestres. Peu importe, si vous parvenez à faire venir du monde.

À vous de chiffrer vos ambitions: serez-vous satisfait avec dix personnes, cent ou mille? Préférez-vous une histoire discrète, connue de quelques-uns seulement? Rêvez-vous d'une vaste affaire, avec des retombées dans les médias? Là encore, à vous de voir – en fonction non seulement de vos goûts, mais aussi de votre temps libre, de vos moyens et des impératifs de la sécurité.

Plus le lieu sera insignifiant, plus inventive devra être l'invitation. Un viaduc, une zone de fret ou un entrepôt de fruits et légumes sont tentants. Mais il y a plus anodin, plus anonyme, plus imprévisible : un square sans histoire, un feu rouge paumé, une cabine téléphonique sur un rond-point pourri.

Il vous faut aussi veiller aux voies d'accès, itinéraires, moyens de transport. Il est nécessaire de bien choisir la date, l'horaire, le compte à rebours, les relances.

Votre triomphe, s'il a lieu, ce sera la vidéo que vous ferez de ce rassemblement qui se devra d'exister à vous seul. Et quand vous serez bien vieux, usé, habité peut-être du sentiment que votre existence aura été vaine et votre présence en ce monde sans effet, vous pourrez vous dire : « Quand même, j'ai fait ça. »

La question de savoir si ce constat, alors, peut vous consoler ou doit vous accabler reste évidemment ouverte.

19
Faire un truc sale

C'est une frontière mobile. Entre sale et non sale, acceptable et dégoûtant, neutre ou répugnant, la démarcation ne passe pas au même endroit pour chacun d'entre nous. Ce qui révulse l'un laisse l'autre indifférent. Selon le jeu perpétuel des éducations, des cultures, des sensibilités, vous ne trouverez pas forcément sale ce que je juge l'être, et inversement. Du coup, l'expérience consistant à faire un truc sale dépend de ce que vous ressentez.

Pourtant, elle ne se dissout pas dans le relatif, parce qu'il existe toujours, pour chacun(e), des actions un peu, ou grandement, répugnantes. Tout le monde possède ainsi une échelle du dégoût, allant de ce qui lui déplaît un peu jusqu'à ce qui lui paraît carrément écœurant, voire difficilement supportable.

En outre, quelles que soient ces graduations différentes, c'est dans un même domaine que se concentre l'immense majorité des sentiments de saleté : excréments, sécrétions corporelles, sang, sueur, urine, sperme, menstrues… – tout ce qui touche au corps, au sexe, aux fonctions vitales, leurs odeurs, saveurs. Manger, boire, goûter, flairer – ce que le corps sécrète, ce qu'il suinte, rejette, macère, fermente, dégrade… Là se tiennent les dégoûts majeurs.

Ce qui est en jeu, chaque fois, c'est notre distance supposée envers l'animalité. Les chiens se flairent l'anus le plus simplement du monde, mais l'idée du « sale » existe dans les têtes humaines.

L'expérience suppose que vous déterminiez d'abord nettement votre échelle personnelle de dégoût. Cherchez au moins quatre actions qui vous paraissent répugnantes, classez-les de la moins sale à la plus sale. Choisissez ensuite celle que vous décidez de mettre en pratique.

Qu'y a-t-il à observer ? Vos impressions et sensations, agréables ou désagréables. Toutes, probablement, ne seront pas négatives. Le dégoût est l'autre face d'une attirance, la répulsion est refus d'une jouissance possible. Pas systématiquement, mais souvent.

Ce que vous pouvez expérimenter en faisant, délibérément, quelque chose de sale, c'est votre attachement personnel, intense ou faible, à la frontière construite entre vous et vous. Il n'y a rien de sale « dans les choses », ni dans les corps, mais seulement pour notre sensibilité, telle qu'elle a été construite. Il ne s'agit évidemment pas de faire disparaître cette barrière – c'est impossible – mais d'en éprouver le caractère plus ou moins fixe ou mobile. Ce que vous testez ainsi n'est pas votre plus ou moins grande liberté, mais votre plus ou moins grande raideur.

L'important est de creuser cette distinction. Si vous tentez d'y voir clair à plusieurs, prévoir de longues discussions.

20

Chercher un fruit dans un aéroport

Rien ne vous oblige, pour faire cette expérience, à prendre l'avion. Bien sûr, vous pouvez saisir l'occasion d'un voyage, mais aussi vous contenter de venir accompagner des amis, ou chercher quelqu'un dans un aéroport. À moins d'y aller juste pour le plaisir, comme en promenade, pour mener à bien cette instructive tentative.

Consigne : dans ce lieu de transit, d'allées-venues, de croisements, de technologie, d'horaires minutés, de modernité fabriquée, vous allez simplement chercher un fruit. Cette chose de la nature, ancienne, crue, sans apprêt, végétale, offerte, qui a fait survivre l'humanité nomade au temps des chasseurs-cueilleurs.

Très vite, vous constaterez que c'est un sport. Vous pouvez demander aux responsables, aux hôtesses, au personnel de l'aéroport… personne ne sait où l'on peut trouver un fruit ! Ils commencent même par sourire, tellement l'idée leur paraît déplacée, avant d'avouer qu'ils n'en savent rien.

À tout hasard, on vous enverra donc chercher un fruit au bar, à la sandwicherie, chez le marchand de journaux. Presque toujours, à l'arrivée, on vous dira qu'il n'y en a pas. Ce qu'on trouve dans les aéroports : des cigarettes, des vins, des alcools, des cravates et des montres, des gadgets high-tech et des magazines, des parfums, des DVD, des masques pour les yeux et des préservatifs – pas des fruits !

Vous pouvez prolonger l'expérience, la compliquer, la faire à plusieurs, comparer les aéroports, élaborer des statistiques. Vous constaterez que le taux d'échec est remarquable, le temps moyen de repérage d'un fruit fort élevé. Sans parler, dans les rares cas de réussite relative, de la qualité du fruit trouvé au bout du labyrinthe. Pas de choix, la plupart du temps. Une pomme, le plus souvent, insipide et basique, standard comme un hublot. RAS.

Ce qu'on peut en penser ? Ce ne sont pas les pistes de réflexion qui manquent. Par exemple, vous pouvez méditer sur la manière étrange dont le temps parvient à transformer l'espace. À l'endroit même où se tient à présent l'aéroport, vous auriez pu aisément, il y a seulement quelques décennies, cueillir des mûres, grappiller des fraises des bois, trouver des prunes ou des pêches. L'histoire nous éloigne-t-elle de la nature ? Occasion de se demander aussi ce que l'empire de la technique nous fait gagner et nous fait perdre. Ici, nous nous envolons dans les airs, mais nous ne trouvons plus de fruits à manger. Est-ce un hasard ? Une nécessité ? Est-ce inéluctable ? Ne pourrait-on réconcilier les aéroports et les agrumes, la technique et la nature, le bitume et la diététique ? À vous de chercher. Ça paraît peut-être difficile, au premier abord, mais pas plus que ce que vous venez de faire.

21
S'immerger dans l'air
Pour Brigitte Trazzi

Dans l'air, vous y êtes. Du premier souffle au dernier, irrémédiablement. Sans interruption ni échappatoire. Quelques grandes secondes d'arrêt, aussitôt le malaise commence. Quelques minutes, vous voilà mort. Nous ne pouvons pas cesser d'être dans l'air, « dans » et surtout « avec », car un cadavre, qui ne respire plus, demeure entouré d'air. C'est notre lieu, notre aliment premier et permanent, notre relation constante à la vie. Tout le monde le sait. Chacun l'oublie. Vous comme moi.

Nous n'y songeons, en fait, presque jamais. Autre chose nous préoccupe, indéfiniment : projets émotions calculs ambitions désirs jouissances plaisirs haines ressentiments impressions perceptions sensations conceptions... L'habituel chaos, l'ordre ordinaire, de la vie mentale et des affaires humaines. À moins d'être plongeur de combat, alpiniste, pompier, installateur de climatisation, asthmatique, bronchitique, allergique, personne ne pense à l'air.

C'est un grand tort. S'il en est ainsi, nous ne savons plus de quoi vraiment nous vivons, qui nous sommes ni comment nous tenons. Il suffit de se rappeler la présence de l'air – par bribes d'abord, puis tout le temps – pour que change la relation au monde, à nous-mêmes, aux autres. Par instants, c'est déjà un début. Imaginez que vous plongez dans l'air : vous descendez d'avion dans un pays moite, ou glacé, ou brûlant, vous sortez d'une piscine l'hiver, vous arrivez dans un silo, une scierie, un garage, une parfumerie, un souk, un marchand d'épices, un fleuriste… – à vous de compléter. L'air chaque fois se donne différemment : suave ou âcre, lourd ou délié, pesant ou pétillant.

Mais ce ne sont qu'expériences fugaces, contrastes soudains. Il faut trouver le chemin d'une attention continue. Cessez donc de compter sur les odeurs, les températures et les bourrasques pour savoir que l'air est là. Pour vous sentir relié continûment, dépendant(e) de sa présence, ravi(e) de sa disposition infinie, retrouvez la banalité fondatrice des techniques du souffle. Plus moyen de l'omettre, une fois qu'on ressent effectivement l'air en soi, allant et venant, soutenant et nourrissant le corps au plus intime, sans cesse. On peut y flotter sans crainte : personne jamais ne s'est noyé ainsi.

Au lieu d'oublier, restez au plus près de cet échange permanent, tenace et doux, automatique, sans vous et avec vous, sérénissime, indifférent et vital, subtil et illimité. Retrouvez cette évidence première : nous sommes sortis de l'eau, comme espèce et comme individu. Depuis l'instant où nous respirons, l'atmosphère terrestre est notre placenta. Sans que nous ayons sur ce fait la moindre emprise. Et tant mieux – car la vraie difficulté, comme il se doit, est de cesser d'agir. De lâcher prise et de laisser faire.

En fait, à proprement parler, personne ne respire. Tout contrôle est inutile, toute maîtrise hors jeu. Tout commence, au contraire, quand cessent les manigances. Inutile de se préoccuper de quoi que ce soit : ça respire seul. Accompagner suffit – mieux encore, rester vraiment fainéant. Ce qui est difficile, comme tout ce qui est simple. Rare, comme tout ce qui absolument commun. Le monde habituel, mais juste à peine autre. Donc tout différent.

22
Tenter de désapprendre sa langue

Évidemment, vous n'y arriverez pas. En tout cas, jamais complètement. Désapprendre notre langue maternelle, celle qui organise nos pensées, véhicule nos demandes, structure notre monde et nos relations aux autres, aux choses, à nous-même, voilà qui est impossible. C'est comme ne plus penser : on ne peut y parvenir. Malgré tout, on peut essayer, tenter le coup, faire un pas au moins, deux ou trois peut-être, dans cette direction.

Vous commencerez donc, quand un ami vous parle, par écouter les sons. Pas le sens, pas les mots, encore moins les idées. Plutôt ces drôles de bruits qu'il fait avec sa bouche, les « ô » et les « â », les « ch » et les « g », les « é » et les « i », les « p », « m », « d », toute cette curieuse musique où alternent souffle et cordes vocales, chuintements et coups de langue. Vous fixerez votre attention sur cette gymnastique sonore comme si, soudain, elle ne signifiait plus rien, se tenait à distance, se perpétuant automatiquement, par ses propres forces, sans s'adresser à vous.

Pas d'illusion : vous continuerez certainement à comprendre, à savoir clairement ce qui se dit. Vous saisirez toujours, nettement, de quoi parlent vos amis. Mais ce qui aura changé, c'est que vous commencerez à vous dire qu'il se pourrait que vous cessiez de comprendre. Peut-être, un jour lointain. Dans des circonstances dont vous n'avez pas idée. Au terme d'un bouleversement radical, d'une métamorphose complète dont vous n'imaginez ni les causes possibles ni les circonstances précises, mais dont vous pouvez très bien vous représenter les conséquences : quand vos amis se mettront à vous parler, vous ne comprendrez plus rien. Pas un traître mot. Comme quand vous êtes dans un pays lointain, sans repère, immergé dans une conversation qui vous échappe, des échanges qui vous demeurent opaques, inaccessibles et mystérieux.

Comme si, définitivement, vous étiez devenu étranger, profondément, tout en restant chez vous. Ou encore comme si vous retrouviez cet horizon d'avant, ce temps originaire où vous ne compreniez pas les mots, où ils n'étaient que bruits, musiques, chuintements, berceuses.

Encore une fois, ce sont des limites, des horizons. On les entrevoit au loin, sans jamais pouvoir s'y porter vraiment. Mais ces limites lointaines peuvent malgré tout nous faire prendre conscience que les mots que nous comprenons sans le moindre effort sont le résultat d'un apprentissage obscur, oublié, qui a gravé en nous, ancrés à jamais, ineffaçables, les jeux de notre langue.

23
Susciter une rumeur

Au premier regard, c'est facile et amusant : inventer une histoire, s'arranger pour que beaucoup de gens y croient, découvrir des effets imprévus de ce que vous avez imaginé… Pourtant, chacun connaît les risques. La rumeur, une fois lancée, vous échappe, vit sa vie, se développe sans contrôle possible. Des débuts innocents peuvent déboucher sur des ravages cruels, votre invention fait des victimes que vous n'aviez ni prévues ni voulues.

La conséquence est simple : si vous tenez encore à fabriquer une rumeur, une éthique élémentaire impose que son objet ne soit autre que vous-même. Vous serez la cible des bruits que vous allez répandre, pour ne pas occasionner, même sans intention de nuire, d'éventuelles blessures à la vie des autres.

Voilà qui change la situation. On prend garde, avant de répandre une rumeur quelconque à propos de soi-même. Vous veillerez à ne pas nuire gravement à votre réputation, ni à votre vie familiale ou professionnelle.

Pour concilier le jeu de la rumeur et votre sécurité, il faut diffuser à votre sujet un fait mineur, un peu gênant mais pas trop, capable de faire office de faux bruit sans vous nuire pour autant.

Le plus simple est d'inventer un défaut physique que vous souhaiteriez dissimuler. Vous pourriez ainsi faire courir le bruit que vous aviez les oreilles décollées et que vous vous êtes fait opérer, en cachette, il y a longtemps. Ou bien que vous êtes roux, mais que vous vous teignez les cheveux en brun (ou en blond) parce que vous avez honte de votre couleur naturelle.

Rien n'est plus facile que de se faire passer pour la cible d'une rumeur de ce genre. Évidemment, il faudra protester, publier des démentis. Ils auront pour effet de commencer à éveiller l'attention, et donc conforteront la rumeur.

N'hésitez pas à intensifier la polémique. Pour répliquer à vos protestations, vous publierez aussi, incognito, des éléments de preuve : photos truquées où l'on vous reconnaît, bien plus jeune, avec des oreilles fortement décollées, ou une chevelure du plus beau roux. L'important est que le doute s'installe. Un vrai soupçon, cette fois, va s'enkyster chez la plupart de ceux qui vous connaissent. But du jeu : que cette histoire, inventée de toutes pièces, finisse par n'être plus effaçable.

Vous aurez gagné si, par exemple, vos amis les plus intimes vous demandent un soir, un peu gênés, si tout cela est vrai ou faux… Vous saurez alors que, même si vous démentez absolument, il n'est pas certain qu'ils vous croient. Ce que vous éprouverez soudain ressemble à ce que peut ressentir de plus vif un auteur de fiction : la satisfaction que le récit qu'il a forgé appartienne désormais, quoi qu'il fasse, à une forme de réalité.

24
Inventer des pays

Même si vous avez voyagé souvent et loin, ce sera toujours presque partout. Il manque forcément des pays à votre collection. Peut-être ne les découvrirez-vous jamais – faute de temps, d'argent ou d'envie. Ces pays inconnus, inaccessibles, vous pouvez les inventer.

Après tout, cela ne crée de dommage pour personne. C'est même beaucoup mieux pour tout le monde, en fait. Car un pays inventé a de multiples avantages sur un pays réel. Sa géographie, ses reliefs, le tracé de ses côtes ou de ses cours d'eau, c'est vous qui en décidez. De même pour le climat, la flore, la faune, les ressources minières ou agricoles. Pour bien inventer un pays, vous constaterez aisément que la solitude est un handicap. C'est plus efficace, et plus amusant, entre amis.

Par affinité, on peut constituer des groupes de fondateurs d'un pays qui leur ressemble et devient, pour tous, l'ancrage invisible qui les relie. Car il faut attribuer à cette contrée surgie de nulle part une langue, une histoire, des mythes, des fêtes, des sports, des rites, coutumes, habitudes, monuments, artistes, compositeurs, etc. À cette aune, vous mesurerez rapidement vos complicités et vos dissonances, vos intuitions communes et vos incompréhensions. Sans oublier vos talents de création.

Puisque tout, évidemment, est à faire. Les plats nationaux, les expressions idiomatiques, les traits de caractère, les objets de l'artisanat, les récits des anciens voyageurs ou même les rapports des experts en statistiques économiques, des vulcanologues (s'il y a lieu) ou des préhistoriens.

Indiscutablement, si vous aimez ce pays, si vous le trouvez attirant, festif ou singulier, les points de ralliement les plus simples sont la cuisine, le costume, les musiques et les danses. Rien ne vous empêche, quand vous commencerez à être au point, d'organiser une soirée en habits traditionnels, avec un menu de fête composé exclusivement de spécialités de là-bas, accompagné de chants et de danses choisis dans le folklore local.

Si vous êtes plusieurs groupes à fabriquer chacun un pays différent, il faudra prévoir des soirées de découvertes, des conférences, des dégustations et des spectacles… bref, des échanges culturels.

Ce qui devrait finir par attirer votre attention sur deux questions principales. La première est de savoir s'il existe ou non une différence, radicale et indiscutable, entre le pays que vous inventez et les « vrais » pays où vous n'êtes jamais allé. Il se pourrait, en creusant la question, que vous découvriez qu'il n'est pas simple de trouver une réponse réellement solide et définitive.

La seconde question, du coup, serait de se demander si, dans le fond, ce qu'on appelle les « vrais » pays n'ont pas été fondés de cette manière, ou d'une façon très comparable.

25
Mixer des proverbes

Dans toutes les langues, il en existe des centaines. Les proverbes sont une des choses du monde les mieux partagées. Procurez-vous un bon recueil, ou bien cherchez en ligne le site à proverbes qui vous convient. Dès que vous en avez un petit stock, l'expérience peut commencer.

Elle consiste à couper et coller pour obtenir de nouveaux proverbes à partir de ceux qui existent. Exemples de résultats : « Ventre affamé n'amasse pas mousse », « Pierre qui roule n'a pas d'oreilles ». Ou bien : « Qui veut noyer son chien perd sa place. » Ou encore : « Bien mal acquis ne nuit pas. » Sans oublier : « Qui aime bien dimanche pleurera. »

Ce que vous obtiendrez sera tantôt subtil tantôt faible. Mais vous pouvez compliquer le jeu, permuter les éléments de trois ou quatre proverbes, organiser des compétitions, vous exercer en temps limité, changer de langue, etc.

Si vous vous amusez ainsi, gratuitement, vous découvrirez surtout, au passage, une des propriétés du sens : il n'est pas donné, fixé, assigné à résidence une fois pour toutes. Il se fabrique, se déplace, surgit d'éléments disparates, là où ne l'attend pas. Le sens ne réside pas dans la forme fixe d'une phrase, le sens usuel et figé d'une formule.

Il fuse, comme une étincelle ou un éclat de verre, du choc imprévisible de bribes diverses, insensées, erratiques.

Le sens ne prévient jamais, ne se contrôle qu'à peine. Il naît des interstices et du hasard. Comme la vie, peut-être…

26
Faire silence à plusieurs

Tout seul, chacun se tait. Du moins la plupart du temps. Certains se parlent à eux-mêmes, ce qui fait rire ceux qui les surprennent. Une fois réunis, le plus souvent nous nous parlons, mis à part les moments où nous écoutons ensemble un concert, une conférence.

L'expérience consiste à faire silence, à plusieurs, volontairement. Parler serait normal. Malgré tout, le temps d'un repas, d'une balade ou d'un verre, interdiction générale. Acceptée par tous, évidemment, et clairement limitée dans le temps. Juste pour voir.

Pour voir quoi ? Qu'il est bien étrange de ne rien se dire entre amis. On imagine alors les propos de chacun, ses pensées, les paroles qui peuvent lui être attribuées, ses sentiments probables, ses réactions prévisibles. Ce n'est encore qu'un début. Au-delà s'étend l'inhabituelle perception de la présence des corps, de leurs interactions. Les paroles, d'habitude, la recouvrent. Le silence permet de la ressentir autrement. Difficile de décrire cette évidence qui commence à émerger lentement, à flotter peu à peu. Entre ceux qui sont là existent des relations sans mots, des boucles de sens, des circuits de significations indépendants des paroles proférées. Pour savoir de quoi il s'agit, sans doute faudrait-il beaucoup de temps, de pages, de paroles utiles ou inutiles, d'allers-retours du silence aux phrases et des phrases au silence. Peut-être n'en verrait-on jamais le bout, peut-être faudrait-il, pour tenter cet impossible rapprochement des mots et de leur absence, des vies, des siècles, des récits sans fin. Mais il suffit de se taire une fois, ensemble, pour parvenir au moins à l'entrevoir.

27
Raconter sa vie animale
Pour Paul Meimoun

«Je me souviens que je creusais toujours, le nez dans la terre molle, sans rien voir, dans le noir, obstinément, avec les pattes avant. Il faut dire qu'elles étaient larges, trapues, puissantes, mes pattes avant. Même pas des pattes, d'ailleurs, plutôt des pelles, de grosses paluches, des mains épaisses et puissantes directement vissées de chaque côté de mon cou. Grâce à elles, j'avançais bien. Je creusais mon tunnel, sans temps mort, presque sans fatigue, dans la nuit complète, sans plan. Ça se construisait de soi-même, à mesure, sans hésitation, de nuit comme de jour, d'ailleurs rien ne les distinguait, c'était tout le temps la nuit.

«Des fois, évidemment, je tombais sur un os, je veux dire un caillou, une racine, un tuyau, un obstacle à contourner. Il fallait dévier la trajectoire, changer la direction de la galerie, continuer longtemps parfois, de travers, avant de reprendre le cap, ou de bifurquer ailleurs. Les meilleurs moments, c'étaient ceux où finalement je débouchais à l'air libre, amoncelant un petit tas de terre déblayée, avant de replonger dans les galeries. Les moments les pires, c'étaient les pièges, variables, imprévisibles. Il y en a de toutes sortes : des poisons lents, des gaz toxiques, des mécaniques métalliques, qui tuent d'un coup, lentement, qui surgissent on ne sait où, on ne sait quand ni pourquoi.

Beaucoup de mes semblables ont disparu autour de moi, pendant que je creusais sans cesse. Plusieurs fois, il m'est arrivé d'être envahi soudain de l'odeur de leur cadavre, que je distinguais de loin entre toutes. Alors je creusais en sens opposé, plus vite, plus fort, en droite ligne, longtemps…

« J'étais une taupe, en ce temps-là, et c'est à peu près tout ce dont je me souviens. »

Voilà un récit possible. À comparer avec d'autres, que vont composer ceux qui tentent de se souvenir de ce qu'ils éprouvaient dans leur vie animale. Chacun dira, selon son choix, comment est l'existence quand on est une baleine, un tamanoir, une fourmi, un toucan, un lombric, ou quoi que ce soit d'autre.

Évidemment, ce sont juste des histoires qu'on se raconte. Non seulement personne ne fut jamais taupe, tamanoir ou toucan, mais aucun d'entre nous, humains, ne peut avoir la moindre idée de ce que ça fait, « en vrai », de vivre ainsi.

Ne croyez pas trop vite qu'on puisse abolir ces distances. La mouche, dans la même pièce que nous, vit malgré tout dans un monde radicalement différent du nôtre : elle s'oriente avec des yeux à facettes, vole, ne vit pas très longtemps – et vous ne saurez jamais ce qu'elle voit, sent ou pense, si on admet qu'elle pense. Vous ne saurez donc jamais quel effet ça fait d'être une mouche, une chauve-souris, un toucan. Ni même un chat ou un chien.

La conséquence intéressante – mais vertigineuse, en un sens –, c'est qu'il existe bien des univers parallèles. Ils sont juxtaposés, et sans rien de commun entre eux. La mouche dans cette pièce, les acariens dans cette moquette, les bactéries dans nos intestins, la taupe dans la pelouse et l'oiseau dans l'arbre vivent, chacun, dans un univers radicalement distinct. Ces univers sont aussi différents et même aussi distants, aussi séparés les uns des autres que les plus lointaines galaxies et leurs hypothétiques extraterrestres.

Si ce vertige commence à vous emporter vraiment, il y a un filet de sécurité, une solution de rattrapage. Ni la mouche ni les acariens ni la taupe (on peut le supposer) ne se représentent l'ensemble de la scène, ne s'interrogent sur l'énigme des univers séparés. Vous, si. Vous embrassez, par la pensée, la totalité des mondes, même si vous en ignorez le contenu.

Ce contenu, vous pouvez toutefois le rêver, en faire une fable, un conte, un récit imaginaire. Aucune taupe ne compose l'histoire de sa vie humaine fictive. Même nos amis les chiens n'y arrivent pas – sauf quand c'est nous qui racontons l'histoire…

28
Faire voyager son assiette à travers les siècles

Ce que nous mangeons aujourd'hui n'a pas grand-chose à voir avec la nourriture de nos parents ni de nos grands-parents, encore moins de nos plus lointains ancêtres. Mais nous l'oublions. Pour que nous puissions de nouveau nous en étonner, le jeu consiste cette fois à imaginer que notre assiette remonte le temps.

Au menu d'aujourd'hui, par exemple, cheese-burger salade. Il y a trente ans, c'était steak frites. Il y a soixante ans, bœuf carottes. Il y a cent ans, haricot de mouton. Et avant ? Qu'aviez-vous, dans votre assiette, pour un repas moyen, sous Louis XIV ? Et au Moyen Âge ? Et chez les Romains ? Et quand il n'y avait pas d'assiette ?

Ce n'est pas une interro écrite sur l'histoire de l'alimentation. Juste une piste pour prendre conscience des variations immenses de ce geste si simple qui consiste à prendre un repas. D'un siècle à un autre, d'un continent à un autre, le contenu de l'assiette n'a plus rien à voir. Même les ustensiles, les horaires, les manières de manger deviennent différents. Alors, au lieu de se demander : « Mais pourquoi donc les Chinois mangent-ils avec des baguettes ? », on pourrait s'étonner de ce que nous ayons inventé des fourchettes.

L'ultime vertige, c'est évidemment de comprendre qu'il n'y a pas de « premier repas », de prototype naturel, de nourriture inaugurale, dispensée par la terre, organisée par la marche fondatrice du monde. Nous n'avons rien dénaturé, nous n'avons rien à rejoindre ou à retrouver, par-delà nos artifices, nos assiettes trafiquées, rien qu'on puisse appeler la nature brute. Ceux qui ne sont pas d'accord lèvent la main…

29
Trouver des coaches pour tout

Tout le monde veut des conseils, des aides, du coaching personnalisé. Pour tous les gestes de la vie quotidienne. Pour le choix des meubles, la couleur des murs, le maquillage et la coiffure, les manières de s'habiller, la composition des repas, la perte de poids, la remise en forme, l'entraînement sportif, l'éducation des petits, les relations avec les ados, les entretiens d'embauche, la teinte de la carrosserie et le tissu des sièges. Tout est coaché, depuis la présentation du CV jusqu'au premier dîner en compagnie d'une personne avec qui… et plus si affinités.

Inutile de s'en lamenter ou de s'en réjouir. L'expérience consiste à poursuivre le mouvement en inventant de nouveaux créneaux, de nouveaux coachings toujours plus pointus, plus précis, plus diversifiés, plus personnalisés-customisés.

Qui peut nous apprendre à nettoyer vraiment mieux nos oreilles, à nous couper les ongles avec élégance ? Est-il possible de découvrir enfin, scientifiquement, comment mieux mâcher, perfectionner sa digestion, rationaliser sa toilette intime ? Où peut-on faire un stage pour savoir mettre un pied devant l'autre avec élégance, s'asseoir avec distinction, se lever avec classe ? Cherchons encore comment nous habiller plus vite, moins cher ou plus durablement. Faisons-nous guider pour mieux organiser notre temps, classer nos souvenirs, mettre de l'ordre dans nos pensées. Apprenons à démonter des mensonges, ou au contraire à en construire, cherchons à entretenir des illusions ou à les dissiper.

Chacun fera ses propositions, les défendra devant ses amis. On élira la plus insolite. Ou bien – variante – quelqu'un exposera son problème et il faudra lui trouver le profil sur mesure, l'institut adéquat, la solution personnalisée.

À force d'inventer ainsi tous les coaches et les conseils possibles, à force de détailler les méthodes, arguments et promotions, vous n'aurez pas seulement l'occasion de vous amuser. Vous pourrez commencer à vous demander pourquoi, à présent, nous avons tant besoin de ces multitudes de pseudo-experts pour nous aider à faire ce que, depuis toujours, nous faisions très bien tout seuls. Surtout, vous verrez soudain s'ouvrir devant vous de nouveaux débouchés : vous serez désormais coach de recherche de coach, conseiller en conseil. Si l'on n'a pas la moindre idée de l'aide dont on a besoin, il suffira de venir vous consulter.

30
Aménager un jardin d'interrogations

Pourquoi cultiver son jardin ? Parce qu'il y pousse à foison, quand on s'en occupe convenablement, des interrogations de toutes sortes. Les philosophes l'ont toujours su, d'Épicure à nos jours, en passant par Voltaire. Ce qu'ils ne disent pas, c'est comment s'y prendre pour récolter des questions étranges, décoratives, vivaces, déconcertantes, nutritives. C'est pourtant simple : il suffit de suivre, pas à pas, les gestes des pépiniéristes.

Rien de plus facile, par exemple, que de cloner une question. Il suffit d'enterrer un surgeon et d'attendre qu'il prenne racine. Choisissez une interrogation philosophique, de préférence proliférante (du genre « question de l'être », « l'un et le multiple », « le temps et l'éternité »). Enfouissez-la dans un terreau favorable (on recommande particulièrement les marques « Parménide », « Platon et Aristote », « Plotin »). Vous obtiendrez alors des résultats classiques : le temps « chez Platon », l'être « selon Aristote », le multiple « d'après Plotin ». Mais rien ne vous empêche de forcer les cultures.

Changez de terreau. Vous découvrirez des questions nouvelles : l'être chez Onc' Donald, chez James Joyce, le multiple selon Spiderman, Marcel Proust, Kasparov, le temps d'après San Antonio ou Star Trek. Il arrive que certaines pousses soient chétives. D'autres, au contraire, se révèlent vigoureuses, avec de belles couleurs et des formes insolites, façon coloquinte.

Il serait dommage d'en rester là. À côté du marcottage, expérimentez le bouturage, la greffe, les hybridations, les sélections de toutes sortes. Prenez alors grand soin d'écarter résolument les parasites – pusillanimité, prudence, bon sens aux yeux rouges. Car du plus inattendu surgit le plus intéressant – parfois, mais pas toujours, c'est le charme de l'aventure.

Alors, tentez sans vergogne de rapprocher les Martiens et la morue, le bouddhisme et la Norvège, l'autisme et le champagne. Interrogez les liens inaperçus de la gnose et du métro, des hamburgers et de l'incarnation, de l'ontologie et des pousses de laitue. N'hésitez pas à scruter les caractères principaux de sujets sans objet (ou d'objets sans sujet, personne ne voit nettement la différence, c'est sans importance). Ainsi : l'actuel roi de France, dont on ignore encore s'il est chauve ou non, et ces haïkus dodus que sont nids de jument et poils de tortue.

Organisez entre vous des concours, des foires à questions, des comices d'incongru. À force de semer ainsi des graines de koan fermentées dans une sauce Hellza-poppin, vous pourriez bien entrevoir deux ou trois pistes importantes. L'une indiquerait que le sens n'est jamais une denrée naturelle, mais le produit inattendu de la rencontre de divers non-sens. Une autre suggérerait que le bouffon et le roi sont recto-verso, comme le sont aussi le dérisoire et le sérieux, le futile et le vital. Une autre piste encore, peut-être la même, vous conduirait à un potager où s'épanouiraient des légumes-livres, non loin d'un verger à fruits-films.

Vous pourriez alors, enfin, vous repaître d'OGM (Organismes Gentiment Médusés), prendre en photo le sourire du chat du Cheshire et vous consacrer – définitivement – à résoudre une énigme qui n'obsède personne avant de l'avoir rencontrée : « Peut-on se mordre les dents ? » Voilà pourquoi il faut cultiver notre jardin, veiller à ce que nos produits soient garantis sans mauvais gré ni rêvicide, et ne se soucier de ce qu'on nomme réalité, somme toute, que modérément.

31

Voyager comme un idiot

On vous a bien appris à voyager intelligent. Si vous partez quelque part, vous lisez d'abord l'histoire de la région, vous vous informez des coutumes, des croyances, des clivages politiques, religieux ou ethniques. Sur place, vous préférez avoir un bon guide, une personne au fait des dates importantes, des faits pittoresques, des détails instructifs à remarquer.

Parce que vous voulez constamment apprendre, comprendre, retenir. Vous craignez toujours que quelque chose vous échappe, au détour d'un rempart, au coin d'un marché, à l'entrée d'un temple. Alors vous collectionnez les explications, les documentations, les précisions. Vous n'avez jamais assez de commentaires ni de décryptages. Il vous faut, de lieu en lieu, tous les sous-titres, les légendes, les notes de bas de page. Vous méprisez, dans le fond, ceux de vos amis qui déambulent au loin sans rien savoir, nez au vent, insoucieux de la géographie, sourds à l'anthropologie, allergiques aux explications des guides.

Pourtant, voyager comme un idiot n'est pas dépourvu d'attraits ni d'enseignements. Car vous devez quitter la protection des phrases, vous défaire de tous ces discours qui vous séparent du choc brut des couleurs, de l'incompréhension réelle, de l'étonnement permanent.

Si vous laissez de côté les informations, les explications, les gloses, vous perdez en compréhension, en pseudo-maîtrise des événements et des rencontres. Mais vous gagnez beaucoup en immersion dans l'étrangeté des lieux, des gestes et des gens. Quelle importance, si vous ne savez pas quelle divinité représente cette statue ? L'essentiel est de la voir, d'en éprouver la singularité, de ressentir ce qu'elle a de déroutant, de proche et d'inaccessible. Voilà qui importe plus que de pouvoir expliquer pourquoi le sculpteur a choisi ce mouvement du bras ou cette forme de coiffure.

Voyager intelligent ou idiot, cela revient à demander s'il faut placer une bibliothèque entre le monde et soi, comme condition essentielle de l'approche du réel, ou si, tout au contraire, c'est dans l'expérience brute, directe et sauvage que réside l'essentiel. Cela concerne les voyages, évidemment. Mais aussi bien plus.

32
Méditer l'odeur des fromages
Pour Jim Stillwagon

Pour ceux qui n'aiment pas ça, ça pue. Ou encore : ça fouette, ça schlingue, ça dégage, ça empeste. Les odeurs des fromages, plus ou moins lourdes, grasses, denses, épaisses, ne sont pas envisagées dans leur dimension philosophique. On les supporte ou non, mais on ne s'arrête pas à la question qu'elle pose. Pis : on ne voit pas qu'elles posent une question.

Pourtant, c'est fort évident. Que sentent les fromages ? Qu'évoquent-ils ? À quoi leurs odeurs font-elles directement penser ? Il n'y a ni hésitation ni mystère. De quoi parlent ces odeurs ? Du cul, du sexe, du ventre, de l'anus, des sucs sexuels. De la moiteur rance, des humeurs en décomposition, de l'animalité fermentée. Inutile de tourner autour du pot, de jouer les gastronomes en culotte courte, l'odeur du fromage parle des exhalaisons du cul.

C'est là que doit commencer à s'exercer la réflexion. Qu'est-ce qui nous empêche, la plupart du temps, de le dire ? Ou même de le reconnaître ? Avons-nous tellement séparé la table de l'étable ? Tellement éloigné la gastronomie de l'érotisme des cavernes ?

Renseignez-vous sur la fabrication des fromages. C'est sans doute l'invention la plus étrange, la plus intelligemment sauvage, de l'histoire humaine. Soustraire le lait aux petits, veaux ou agneaux, puis le cailler en pillant l'estomac du jeune animal. Pour fabriquer du fromage, il faut en effet prendre la présure dans le ventre de l'enfant mort, la mêler au lait maternel, déclencher hors du corps, dans la bassine ou la cuve, une digestion solitaire, artificielle et organique à la fois, par un prodigieux détournement de corps, inventif et pervers.

Le fromage résulte d'une digestion trahie et contrôlée, d'un forçage étrange des sucs, d'une subversion des corps, du maternel et de la transmission de la vie. Il incarne l'intrusion du génie humain premier dans la vie organique des bêtes, accouplement raffiné et sauvage des nutriments animaux et de la ruse anthropienne.

Ce qu'il convient de célébrer, dans les fromages, ce sont donc des noces barbares : l'ingéniosité accouplée à l'animal, le raffinement des goûts construit sur les excrétions. Leur grandeur cachée tient dans la munificence des puanteurs domptées, l'anoblissement des pourritures maîtrisées, l'exaltation sublime du rance, du tourné, du moisi. Du dégoût à l'extase, somme toute. Le fromage, c'est la vie des humains. En tout cas l'une de ses formes les plus anciennes et durables.

33
Capter le moment où l'on se quitte

La vie est faite de moments infimes, d'imperceptibles nuances, de métamorphoses microscopiques. Le plus souvent, il faut n'en tenir aucun compte, les négliger, faire comme si tout était lisse, toujours et tout le temps.

Il est judicieux de contrevenir à cette négligence universelle, de prêter attention à ces petites mutations, transfigurations, dérives difficiles à nommer. Par exemple : cherchez à creuser ce qui arrive, juste à ce moment où vous vous séparez, tant de fois, dans une journée, de tant de gens, juste un instant croisés.

La plupart du temps, vous ne remarquez même pas. Vous dites « au revoir », « à bientôt », « à demain », « à tout à l'heure »... et vous repartez, et l'autre aussi. Happés, déjà, par la suite – trajets, projets, programmes. Pourtant, l'exact instant de la séparation, ce moment précis où l'on s'éloigne, où chacun reprend son monde, est un processus bizarre et mal connu.

Vous et l'autre, lentement, vous décollez du temps qui vient d'être commun. Vous vous en coupez, chacun, doucement ou d'un coup sec. Ce n'est pas forcément triste, ni déchirant ni douloureux. Juste très étrange, dès qu'on y prête attention. Usuellement, chacun regarde ailleurs et se jette en avant, court vers le moment d'après. Voilà justement ce qu'il faut éviter. Au contraire, pour une fois, vous allez tenter de vous installer dans ce temps qui s'éloigne, en éprouver les répercussions.

Laissez de côté les pathos et leurs excès. Évacuez les angoisses d'abandon, le désespoir sans fond des solitudes soudaines. Il n'y a, dans ces multiples petites séparations de tous les jours, ni drame de la rupture ni noyade effroyable. Pourtant, vous devrez écarter aussi, attentivement, les fausses indifférences : se dire au revoir n'est ni neutre ni mécanique.

À quoi donc devenir attentif ? À ce subtil passage du temps à deux – ou à plusieurs – au temps tout seul. Comment sortons-nous du monde des paroles échangées pour basculer vers le monologue intérieur ? Où se tient, entre les deux, fugace et subtile, la frange où chacun se rétracte, reprend ses billes, ramasse sa conscience-balluchon et la remet sur son épaule ? Par quel chemin sortons-nous du réseau commun, fait de paroles connexes, de répliques échangées, de circuits de phrases et d'impressions vécues ensemble, pour retrouver un régime plus ou moins solitaire du langage et du corps ? Le difficilissime, c'est d'entrevoir cette transition.

Si vous y parvenez, que verrez-vous ? Sans doute rien de spectaculaire. Une zone grise, plutôt, comme un *no man's land*. Vous ne vous trouvez déjà plus avec les autres, sans être encore tout à fait avec vous-même. Vous vous tenez dans une phase intermédiaire, une sorte de pays neutre. Ni l'un ni l'autre. Vous venez de vous déconnecter, et vous ne vous êtes pas encore rejoint(e). Mais c'est déjà trop dire…

34
Traquer l'esprit d'une maison

Tout le monde croit en avoir vite fait le tour. En quelques heures, quelques jours, chacun pense avoir tout compris, tout vu, tout ressenti d'une maison. Voilà la première bévue.

Il convient au contraire de patienter. Car rien n'est plus lent, secret, subtil et rusé que la plus banale des demeures. Même toute petite, elle offre toujours des recoins, des perspectives, des changements innombrables d'atmosphères qui ne s'appréhendent pas d'emblée. Vous les découvrirez seulement peu à peu, au hasard, pas à pas. Il n'existe ni règle ni méthode – sauf d'être attentif à tout.

Observer, par exemple, combien la maison n'est pas la même en hiver et en été, sous le soleil ou sous la pluie, quand il vente ou non, à midi ou à minuit. Elle a ses températures propres, ses rythmes de lumière spécifiques, son humidité ou sa sécheresse, ses coulis d'air, ses souffles, sa respiration singulière.

Et aussi son odeur, selon les matériaux et leurs imbrications, selon les ouvertures, l'exposition, les sols et sous-sols. Chaque bâtiment possède aussi ses sons et ses silences, ses teintes et leurs variations, ses régimes d'ombres et de clartés, son tracé d'espace.

Encore un peu de temps, vous finirez par éprouver ce que la maison où vous êtes a de tendre ou de froid, de nostalgique ou de vengeur, dans le fond. Car toutes ont des caractères secrets, assez semblables à ceux des personnes. Certaines sont bêtes, d'autres sournoises. Quelques habitations sont austères et revêches, beaucoup sont espiègles, joueuses, toutes sont difficiles à apprivoiser.

À cause de leur histoire, probablement. Aucune, en effet, n'est faite seulement de pierres, de bois, de briques et de ciment, de carrelages, de tuiles ou d'ardoises. Une maison est aussi constituée – d'une manière énigmatique, presque impossible à comprendre – des idées de ceux qui l'ont conçue, des pensées de ceux qui l'ont construite, des péripéties qui s'y sont déroulées. On ne sait bien sûr ni comment ni pourquoi, mais des lambeaux et des bribes de ce passé flottent toujours dans l'air, ou s'agglutinent au bas des portes.

N'oublions pas non plus qu'une maison jamais n'est absolument close, tout à fait hermétique. Elle existe par la répétition d'une multitude d'allées et venues, abrite une possibilité sans limite d'arrivées, de départs, de transits.

Encore un moment, un dernier pas, et vous approcherez de l'énigme essentielle : chaque maison imprègne les gens qui y séjournent, règle leurs parcours, en partie leurs humeurs. Ce ne sont pas eux qui vivent dans la maison… en fait, c'est elle qui les habite.

Essayez donc – une fois dehors, au loin, ou longtemps après – de traquer en vous l'esprit d'une maison, les traces qu'elle a laissées, sa présence qui persiste. Vous verrez, vous n'en aurez pas vite fait le tour.

35
Inventer des doctrines

Chacun devant bien admettre qu'il y a une part de fiction dans l'histoire, rien n'empêche d'en profiter, de composer quelques chapitres à votre convenance. Il est ainsi toujours possible d'imaginer des doctrines et des mouvements qui auraient pu marquer le cours des événements, ou qui devraient les bouleverser dans un futur proche. Car il n'est pas interdit d'écrire l'histoire de demain. En voici un échantillon.

D'après les historiens les mieux informés, tout a donc commencé dans la première partie du XXIe siècle. À cette époque, on avait tout dit, depuis longtemps, sur les accords entre les vins et les mets. Des discussions résiduelles se poursuivaient pour déterminer le meilleur médoc sur la selle d'agneau, quelques Écossais s'étripaient au sujet de la qualité de sherry qui convient au stilton, mais, pour l'essentiel, tout était maîtrisé. C'est alors que certains amateurs de livres et de vins imaginèrent de chercher les harmonies possibles entre des textes et des crus. Ils inauguraient ainsi une discipline étonnante, multiforme autant qu'éphémère, qui fut rapidement baptisée « harmonie générale ».

Les premiers séminaires réunirent quelques givrés de Flaubert. Tous convenaient qu'avec *Bouvard et Pécuchet* il était préférable de choisir un rouge charpenté, plutôt corsé, un rien râpeux. Les querelles commencèrent quand il fallut trancher entre cornas, gigondas ou madiran, quelques dissidents préconisant même un ventoux. On s'accordait à préférer le blanc sec pour accompagner *Madame Bovary*, mais les tenants du jurançon avaient maille à partir avec quelques irréductibles de l'irouléguy. Qu'importe : l'harmonologie avait désormais pignon sur rue.

D'abord purement littéraire, elle s'employa à conjuguer Stendhal aux meilleurs prosecco, à sauver Ibsen du schnaps, à conseiller d'oser lire les premiers textes d'Aragon avec un bouzy rouge. Cette œnotextologie gagna peu à peu le domaine des œuvres philosophiques. On cessa de boire du Coca en lisant la *Critique de la raison pure*, ce qui laisse un goût amer. On interdit de consommer de la bière aux lecteurs de Nietzsche, erreur aussi monstrueuse que d'ingérer du kéfir en lisant Proust. Bref, on progressa.

On comprit alors qu'il n'y avait aucune raison d'en rester là. Chercher comment harmoniser ce qu'on lit et ce qu'on boit conduisit, de proche en proche, à s'interroger sur toutes les relations nouvelles à inventer entre ce qu'on lit et ce qu'on mange, sur les parfums qui conviennent aux lectures, mais aussi sur les musiques adéquates, les lumières préférables, les manières de s'habiller, de se tenir. Dès lors, l'harmonie se généralisa, gagna tous les domaines. Car on pouvait évidemment prendre pour point de départ les musiques, les films, les tableaux.

Ce fut donc, durant quelques années, une incroyable explosion de recherches : comment se coiffer pour écouter Wagner ? Quel parfum convient le mieux à Strindberg ?

Comment s'habiller avec Janis Joplin ou Tina Turner ? Avant ou après Barnett Newman ou Rothko, que manger ? On vit se fonder des Instituts, se créer des diplômes. Les harmonologues étaient partout. Leurs travaux rassemblaient sommeliers et parfumeurs, critiques littéraires et traiteurs, éclairagistes et musicologues. On crut possible l'harmonie générale. Pour certains, le genre humain y était même destiné…

Quelques années plus tard, malgré tout, ce grand dessein tomba en désuétude. Les espoirs suscités sombrèrent, eux aussi, en attente d'historiens improbables. On ignore encore les motifs de cette éclipse. Peut-être était-ce seulement une boucle, dans un parcours plus vaste. On en discute encore.

36
Fabriquer des éternités

L'éternité, on imagine que c'est très compliqué. Inaccessible, incompréhensible, pas du tout pour nous. Une affaire mystérieuse, inconcevable, qui se joue peut-être après la mort, ça ou le néant. Une histoire qui ne concerne que Dieu, s'il existe. Rien, en tout cas, dont nous puissions faire l'expérience. Erreur. Ce n'est ni si obscur ni si lointain.

Il suffit d'un train, d'un avion, d'un bateau, d'une salle d'attente pour commencer à s'en rendre compte. Le point de départ est toujours un lieu où, pour un moment, vous êtes passif, ne pouvant rien faire d'autre que d'attendre l'instant de l'arrivée, celui où la porte s'ouvre.

Et si cet instant ne venait pas ? Ballotté par le train, bercé par les vagues, pris dans la monotonie du bruit des machines et moteurs, dans la légère torpeur d'un voyage qui dure, d'une attente qui se prolonge, vous pouvez vous demander : et si la fin de ce voyage ne venait jamais ? Si vous restiez, pour toujours, dans ce présent suspendu ?

Raisonnablement, vous savez que cela va se terminer, que le bateau finira par accoster, l'avion par atterrir, le train par entrer en gare, ou le dentiste par vous appeler. Mais, après tout, ce n'est pas garanti. Rien ne vous empêche d'imaginer que cet instant sera sans fin.

Ce que vous entrevoyez alors est somme toute assez troublant. Vous éprouvez en effet que rien en vous-même ne peut vous permettre de sortir de cet instant. Si l'attente prend fin, c'est du dehors, en raison d'événements extérieurs, indépendants de votre volonté.

Or ce n'est rien d'autre que cela, l'éternité. Un instant sans fin, jamais, nulle part. Un hors-temps intégral. Ce n'est pas ce qui dure pour toujours, mais bien plutôt ce qui demeure hors de la durée. En entretenant la conviction que le voyage sera sans fin, vous ne vivez pas l'éternité, évidemment. Mais vous aménagez comme une petite fenêtre d'où il est possible de jeter un coup d'œil sur ce qui ne se voit pas.

37

Avec quoi balayer des hésitations ?

Tous les jours, chacun de nous utilise quantité d'expressions toute faites sans s'y arrêter. Nous ne voulons pas retourner le couteau dans la plaie, mais personne ne demande si c'est un couteau cranté ou un couteau à légumes, ni où donc cette plaie peut bien se situer. Nous ne cherchons pas à comprendre pourquoi une peur est bleue quand elle est grande, ni de quelle façon une puce vient se mettre à notre oreille.

Bien sûr, il est toujours possible de trouver les explications dans les dictionnaires, les histoires de la langue, les ouvrages savants ou amusants qui donneront les clés – quand elles existent. Mais il y a mieux à faire. Sans matériel, sans rien chercher, tout seul ou à plusieurs, on peut expérimenter de curieuses questions.

Avec quoi, par exemple, balayer des hésitations ? Est-ce un balai-brosse, un balai de crin, un balai de jardin, un balai spécial réservé aux hésitations ? Et pour balayer des objections, est-ce le même ? Quand il s'agit de balayer des critiques, des arguments, des calomnies, des ragots, des médisances, faut-il des instruments différents ou bien suffit-il d'un seul ? Où se procure-t-on ce ou ces balais ?

Vous voyez le principe. À vous de poursuivre. En cherchant notamment avec quel instrument lever des doutes, avec quel genre de gomme effacer des soupçons, des illusions, des regrets ou des erreurs. Est-ce donc avec le même tissu que l'on essuie un affront et des tirs de mortier ?

À mesure que vous constituez votre collection de questions insolubles et d'objets introuvables, vous allez en découvrir le sens et la portée. Nos manières de parler et de penser sont truffées d'images, de gestes supposés, de comparaisons. Il suffit de les intensifier, de leur faire faire quelques pas, de les monter de quelques crans, pour voir saillir ce qu'elles ont d'incohérent, d'absurde, de trompeur. Ou simplement d'approximatif et de limité.

Moralité toute simple : devenir attentif aux pièges des mots est une précaution philosophique de base.

38
Découvrir tout ce qu'on sait sans le savoir
Pour Ludwig Wittgenstein

Il y a mille choses que vous savez sans les avoir jamais apprises, sans même avoir conscience que vous détenez ces connaissances. Par exemple : vous savez respirer, digérer, cicatriser, reconstituer vos cellules, secréter des enzymes… en ignorant que vous le savez.

Objection : parler ainsi n'est qu'une façon de jouer sur les mots. Car ces fonctionnements du corps – automatiques, indépendants de votre volonté – ne constituent pas à proprement parler des savoirs. Ce sont plutôt des capacités innées, qui proviennent de la nature et du corps. Vous parvenez donc sans difficulté à respirer, digérer ou cicatriser, mais vous ne savez que très peu, ou rien du tout, à propos de ces actions. Vous êtes bien en peine de dire comment vous faites pour y parvenir, et tout à la fois incapable de transmettre ce prétendu savoir.

Faut-il en conclure que soit on sait, soit on ne sait pas, mais qu'il n'y a pas de situation où l'on pourrait découvrir qu'on sait quelque chose sans jamais l'avoir su ? Pas sûr. Car il est possible de monter une expérience qui change la perspective. Posez à vos amis des questions de ce genre : « Ton immeuble a-t-il un cinquième sous-sol ? Es-tu sûr qu'aucun arbre ne mesure 800 mètres de hauteur ? Combien as-tu d'orteils ? » Chaque fois, vous pourrez ajouter : « Comment le sais-tu ? Es-tu allé voir ? As-tu mesuré ? As-tu compté ? » Vous pouvez expérimenter beaucoup d'autres questions du même type. À vous de les inventer et de les tester. Vous constaterez toujours le même résultat : il existe quantité de choses que nous savons sans les avoir jamais apprises, sans les avoir ni constatées ni vérifiées. Pourtant, ces connaissances ne sont pas illusoires. Ce sont des évidences dont nous ne doutons pas. Personne ne se demande s'il n'y a pas, peut-être, dans son immeuble, un cinquième sous-sol qu'il ignore, qui aurait échappé à son attention, personne ne s'interroge pour savoir si le nombre de ses orteils pourrait être autre que dix, même s'il n'a jamais, absolument jamais, compté un à un ses orteils.

Voyez donc l'étrangeté de cette situation : ce sont des choses dont on ne doute pas une seconde, mais que l'on n'a pourtant jamais constatées ni vérifiées par soi-même, ce sont des connaissances que l'on reconnaît détenir avec certitude, mais dont on ne savait rigoureusement rien avant qu'on ne vous pose la question. Aucun de vos amis ne s'est jamais dit : « Je sais que mon immeuble n'a pas de cinquième sous-sol », ni « Je suis vraiment sûr que j'ai exactement dix orteils, pas un de plus, pas un de moins ». Vous avez vous-même découvert ainsi qu'il existe des savoirs qu'on détient sans être au courant de les détenir et que seule la question posée peut faire apparaître. Où était donc cette connaissance avant qu'on la fasse émerger ? Il me semble bien que personne ne se soit posé la question.

39
Mixer des mots d'une langue à une autre

À la mémoire de Jean-Baptiste Botul (1896-1947)

« Les langues imparfaites en cela que plusieurs », écrivait Mallarmé. Depuis la tour de Babel, cette pluralité n'a jamais cessé. Mais rien ne dit que ce soit une imperfection. Beaucoup soutiennent, au contraire, que pareille diversité des langues humaines constitue une richesse immense, la garantie de mondes multiples, disparates, capables de s'enrichir de leurs dissemblances en évitant l'uniformité et la platitude.

On peut voir la situation autrement. Ne plus se soucier des inconvénients ni des avantages de la multiplicité des idiomes, et inventer quelque jeu qui transgresse les frontières des langues, se souciant peu de la réalité des vocabulaires et se moquant même de leurs différences.

Son principe : comprendre un mot d'une langue à partir des significations d'une autre. Si en anglais « *true* » veut dire « vrai », pourquoi ne pas décider qu'en français « trou » aura le même sens ? Et si « *hole* » veut dire « trou », ce qu'on dénomme « holisme » pourrait-il être une théorie du trou ? Et quel rapport entre « altruisme » et « *all is true* » ?

Il ne vous faut que bien peu de temps pour vous rendre compte que tout tourne autour de la question des « faux amis », ces mots qui se ressemblent mais possèdent des significations différentes. Dans ce jeu, on décide que tous les termes qui ont un air de famille peuvent avoir le même sens. Et l'extension de ce principe n'a pas de limites : tout ce qui se prononce à peu près pareil veut dire la même chose.

Mais, du coup, vous le constaterez aussitôt, c'est la pagaille. Moralité : il est nécessaire que les langues soient plusieurs, et comme à bonne distance les unes des autres. Sinon, la confusion guette. Mais il n'est pas inutile d'y faire, de temps à autre, une brève excursion.

40
Neutraliser des mots

Tout le monde connaît ce jeu où on ne doit dire ni « oui » ni « non ». Et ses complications : certains termes, parmi les plus courants, sont interdits à leur tour. Il est possible, en s'y mettant à plusieurs, de s'exercer à élargir encore ce principe.

Décidez, par exemple, de chasser de votre vocabulaire tous les noms de couleurs simples. Vous ne pourrez plus dire « le ciel est bleu », mais seulement « le ciel a la couleur du ciel quand il fait jour et qu'il n'y a pas de nuages ». Dans un deuxième temps, vous bannirez tous les adjectifs relatifs aux teintes, quelles qu'elles soient. Votre capacité d'expression sera alors amputée de plusieurs dizaines de mots, même quand ils figurent dans des expressions comme « voir rouge » ou « ça m'a fait une peur bleue ». Il faudra s'y accoutumer – l'entraînement donnera lieu à des joutes, des récompenses ou des gages laissés à l'imagination de chacun.

Une fois neutralisé ce vocabulaire des couleurs, essayez d'écarter, en plus, celui des goûts. Il faudra établir clairement les limites à respecter, ce qui n'est pas toujours commode. On ne pourra plus dire « j'ai trouvé ça bon », mais il devrait demeurer possible de dire « cet homme est bon », si ce n'est pas un cannibale qui parle. Quand vous aurez fini par régler, tant bien que mal, ces problèmes, que pourrez-vous constater ? Qu'il est parfaitement possible de parler, de décrire le monde, de se faire comprendre des autres et de les comprendre en retour, sans utiliser aucun vocabulaire relatif ni aux couleurs ni aux goûts.

Jusqu'où ces retranchements successifs peuvent-ils aller ? Si on neutralise aussi le vocabulaire des sons, tout fonctionne-t-il encore ? Jusqu'à quelle limite peut-on se débrouiller avec des périphrases, des esquives, des approximations ? Pourrait-on soustraire durablement de notre lexique les indicateurs du temps, de l'espace, de la joie et de la peine, du vrai et du faux ?

Ce que permet d'entrevoir l'expérience, c'est d'abord ceci : même quand on met hors circuit – temporairement, artificiellement – un certain registre du vocabulaire, il n'est pas anéanti. Il persiste à exister dans la langue, il perdure nécessairement dans l'ensemble de ses structures.

Vous pouvez donc désactiver – plus ou moins laborieusement – telle ou telle partie du réseau, mais l'architecture du système n'en est pas affectée. La langue, dans son ensemble, continue. Son système perdure, quoi qu'on fasse. Mine de rien, vous commencez à saisir que ce système fonctionne seul, indépendamment de nos décisions, de ce que nous faisons.

41
Tenter d'oublier son nom

Ne plus savoir comment on s'appelle, voilà une tâche impossible. Presque tout le monde, en toutes circonstances, se souvient de son nom. Seuls de très rares cas d'amnésie s'accompagnent d'un oubli total du patronyme que l'on porte. En règle générale, même malade, choquée, blessée, épuisée, à bout de forces, une personne encore consciente peut dire « je m'appelle… ».

Parvenir par un effort volontaire à un effacement complet de votre nom est donc exclu, mais rien ne vous empêche de faire quelques pas sur ce chemin en imagination. Il vous suffit d'aller dans cette direction, de voir ce qui pourrait se passer de ce côté. Vous pourriez vous persuader, par exemple, que va surgir en vous une soudaine absence, un accident intime, un creux : brusquement, votre nom vous échappe, devient inaccessible. Imaginez donc, pendant quelque temps, que vous ne savez plus du tout comment vous vous nommez. Qu'est-ce que cela change ? Peut-être pas grand-chose, beaucoup moins qu'on ne pense. Peut-être presque rien.

Évidemment, cela vous vaudrait quelques tracasseries. Avec les administrations, la police, la poste, les impôts…

Ils veulent toujours savoir à qui ils ont affaire. La vie se compliquerait aussi avec les voisins, les hôtels, les services de réservation, qui souhaitent toujours connaître votre nom. Et vos amis, lointains ou proches, seraient aussi bien embarrassés.

Mais tout cela, vous le savez déjà de longue date : nos fonctionnements sociaux – économiques ou sentimentaux, politiques ou personnels – requièrent des noms propres inscrits, mémorisés, fichés, exhibés. Pas de surprise.

La bonne question est plutôt de chercher si cette perte de votre nom changerait ou non quelque chose *en vous-même*. Ne plus savoir vous nommer, cela affecterait-il votre intimité ? De quelle façon ? Il semble bien qu'on puisse ne plus connaître son nom et savoir toujours pertinemment, malgré tout, qui l'on est. Il semble, en même temps, que pareil anonymat doive perturber quelque chose du rapport à soi. Mais il est malaisé de cerner quoi au juste.

Pour se désigner soi-même, après tout, pas besoin d'un nom : « je » suffit. Ce qu'on appelle « soi » a-t-il besoin d'un nom ? On trouvera vite, si on y entre, la question vertigineuse. Car on cheminera forcément entre deux extrêmes : soit l'existence de chacun possède une singularité absolue, alors il faut un nom unique à chaque individu unique, soit l'existence est commune à tous, impersonnelle, identique dans le fond quelles que soient les personnes, et les noms sont des paravents illusoires. Ce qui finit de compliquer le jeu, c'est qu'entre ces deux extrêmes existe une multitude de combinaisons envisageables, de nuances intermédiaires. On ne s'en sortira pas en disant que c'est d'une complexité sans nom…

42
Connaître le secret pour lire dans les pensées

Tout le monde en rêve depuis toujours. Au lieu de supposer, de supputer, de se méfier, au lieu de devoir faire confiance ou douter, quand quelqu'un parle – ou même pense, seulement pense, en silence –, si seulement on pouvait lire sa plus intime intention aussi clairement que vous lisez ces lignes, et savoir ce qu'il veut, sent, projette, espère ou craint.

Depuis des millénaires, on a tout essayé pour y parvenir. Les talismans, les philtres, les auspices, mille techniques de divination, de déchiffrement, de lecture des traces inscrites dans le vol des oiseaux, les entrailles d'animaux sacrifiés, les marques supposées du destin, gravées au carrefour du divin et de l'humain.

On nous promet à présent beaucoup mieux, pour bientôt. Des lecteurs de cerveau aussi fiables que sont des cartes à puce, des scanners de conscience à haut débit, des cartes de notre âme plus fidèles que la carte du Tendre et plus implacables que celles de Google Map. Ce n'est presque pas demain, c'est déjà tout de suite, on nous le répète sans cesse, qu'au bout de l'IRM on lira tout de nous, de toi, de moi.

Tes amis sauront si tu les as trahis, comment tu les aimes, les jalouses, les hais, pourquoi tu les tiens à l'écart, comment tu les critiques, les manipules… Ça ne te fait pas trop envie ?

Rassure-toi. Ça n'est pas vraiment pour demain. Il se pourrait même que ça n'existe jamais, et qu'on se raconte ces horreurs juste pour se faire peur. Ou bien pour oublier qu'il y a, dès à présent, bien pire et bien plus efficace.

Mieux vaut, en effet, ne pas te rassurer trop vite. Tu peux effectivement te débarrasser de la magie et des vieilles superstitions aussi bien que de l'imagerie cérébrale et des nouveaux neurologues. Une fois que tu auras mis le marc de café à la poubelle avec les scanners, ne te crois pas pour autant sorti d'affaire.

Car elle existe, et très efficacement, la machine à lire dans les pensées. Elle ne ressemble pas à ce que tu crois, mais elle est fiable, précise et bon marché.

Pour savoir ce qu'il y a dans la tête de quelqu'un, ce n'est pas à l'intérieur qu'il faut regarder, mais au-dehors. Dans toutes les traces qui existent : lettres, journaux, rapports, études, archives, cahiers, murs électroniques, vidéos, photos, messages… cailloux multiples, parfois innombrables, éparpillés mais explicites.

Au lieu de croire que tout est secret, opaque, enfermé dans un crâne clos, une intériorité inaccessible, il faut plutôt constater que toutes les pensées de chacun sont offertes, étalées, visibles – éparpillées, disséminées certes, mais nullement cachées. Il suffit d'aller les chercher, de reconstituer le puzzle, d'emboîter chaque pièce dans une autre pour obtenir, le plus souvent, un paysage tout à fait net et précis.

Il se pourrait bien que vous soyez dubitatif ou hésitant. C'est normal. Considérez seulement cette hypothèse assez longtemps, tentez d'en tester la validité. Et concluez.

43
Faire un livre avec des livres

Sauf exception rarissime, les auteurs opèrent ainsi depuis qu'existent des écrits. Chacun rédige son texte en se nourrissant des autres, en y puisant informations, données, questions, idées… La remarque vaut de l'Antiquité jusqu'à nos jours.

Il ne s'agit ni de plagiat ni de copie : tout texte nouveau provient nécessairement de l'assimilation de ceux qui le précèdent. Nul ne rédige sans une bibliothèque, si modeste soit-elle. Mais on peut en imaginer un usage nouveau.

Au départ, le geste est bêtement mécanique. Cessez de vous soucier du sens, de la pertinence des références. Prenez chaque volume l'un après l'autre, copiez la première phrase complète d'une même page, dont vous aurez choisi le numéro à l'avance.

Par exemple, sur cette étagère dont les volumes ne sont pas classés, on obtient l'échantillon suivant en ouvrant les volumes à la page 32. « Très peu de pluies durant les trois mois d'été » (il s'agit d'un livre sur les vins français, concernant le millésime 2007). Dans le titre suivant, toujours page 32 : « La toute-puissance amoureuse de Jupiter n'aurait pas été complète s'il ne s'était pas intéressé aux beaux éphèbes » (l'ouvrage traite des scènes mythologiques dans la peinture classique). La cueillette continue avec la phrase suivante, qui ouvre elle aussi la page 32, mais d'un discours de Cicéron, cette fois : « La Gaule est la seule à échapper à l'incendie général qui embrase nos provinces », et enchaîne avec un philosophe américain du XXe siècle qui écrit à la même page, dans le livre d'à côté : « C'est désormais la science qui incarne cette vérité. » La dernière phrase (la liste peut se poursuivre tant qu'on veut) est celle d'un historien de l'Antiquité grecque : « Seul un petit nombre de textes a survécu par fragments sur les papyrus d'Égypte, préservés par l'absence d'humidité dans les sables du désert. »

Plus vous avez de séquences, plus s'offrent de combinaisons possibles, évidentes ou insolites, s'agençant d'elles-mêmes ou exigeant quelque ingéniosité. Rien qu'avec ces cinq échantillons, vous avez de quoi faire. Si des textes ont survécu en Égypte, peut-être parlent-ils de Zeus. À moins qu'ils n'aient survécu qu'un été, en Gaule, parce qu'il ne pleuvait pas. Est-ce bien cela que la science permet d'affirmer aujourd'hui ?

Vous pouvez toujours rebattre les cartes, imaginer que Zeus cherchait des éphèbes en Gaule pendant les mois d'été, ou que la science redécouvre les secrets perdus de papyrus détruits… L'important n'est pas la cohérence du résultat ni son étrangeté, mais la découverte que tous les livres en contiennent une infinité d'autres possibles, virtuels et à inventer. Il suffit de les relier, les traverser, les combiner, en diagonale ou à l'horizontale, pour en obtenir de nouveaux. Avec quelques ouvrages, on peut donc composer une bibliothèque, qui donnera à son tour naissance à une plus grande, indéfiniment. C'est une manière possible de comprendre l'histoire de la culture.

44
Imaginer que toutes les traces disparaissent

Sans même toujours nous en rendre compte, nous vivons saturés de traces, de signes, de marques inscrites sur le papier, sur les écrans, la peau, les emballages, les vitrines. Nous nous laissons – les uns aux autres, ou bien à nous-même – quantité de mots, de Post-it, de textes. Et si l'on essayait de faire le ménage ? De calmer le jeu ?

Pour commencer, on décidera donc de ne plus s'écrire entre amis. Ceux du groupe ne pourront que se parler, directement ou par téléphone. Mais ni texto ni même quoi que ce soit sur les boîtes vocales : chasse aux traces oblige ! Au bout de quelques heures, encore mieux de quelques jours, vous ferez le premier bilan : le monde n'est-il pas, ainsi, un peu plus fluide, un peu plus léger, ou lisse ? Ce n'est qu'un début.

L'objectif, évidemment, est d'expérimenter la disparition virtuelle, de proche en proche, du maximum de traces. Vous allez constater, très vite, qu'il y a du travail. Il faudra débarrasser la maison des livres, journaux, magazines, prospectus, notices, modes d'emploi, contrats et autres, tous infestés de signes écrits, traces imprimées ou manuscrites. Il faudra masquer, sur les objets, les machines, les appareils de toutes sortes, le nom de la marque. Il faudra recouvrir d'un voile les noms des rues, les numéros des maisons.

Masquer aussi les tatouages, maquiller les cicatrices, les traces incisées dans la chair disant ce qu'a vécu le corps.

On pourra toujours regarder la télé, s'immerger dans le Web, mais à condition de ne rien enregistrer. Essayer de vivre ainsi un moment, ou seulement d'imaginer cette existence en détail. C'est à terme toute la mémoire du monde, la vôtre et celle des autres, qui se retrouverait soudain sans support, flottante, dérivant au gré de l'instant.

Car, cela va de soi, il n'y aurait pas moyen de se rattraper en gardant à l'esprit les choses faites ou dites, les connaissances acquises et les expériences vécues. Pour une raison toute simple : les traces de tout cela dans votre cerveau sont encore des traces, alors qu'on a décidé de s'en débarrasser.

Comme on voit, c'est mission impossible. Au passage, chacun aura au moins appris une chose : si trop de traces nuit, si leur accumulation encombre, leur suppression est suicidaire. Pas de vie sans traces. On peut de nouveau, sans crainte, laisser aux siens des petits mots.

45
S'inventer un démon

Un démon n'est pas un diable, c'est à préciser d'emblée. Chez les Anciens, c'est une puissance qui nous inspire et nous guide, quelque part entre la muse du poète et l'ange gardien, invention chrétienne. Malgré tout, le démon des Anciens est plus une force sans visage qu'un personnage nettement défini. On pouvait mettre sur le compte de son démon ses coups de colère ou ses coups de folie, ses coups de cœur ou ses coups de tête. Les dieux antiques étaient toujours responsables des folies des hommes, c'était le bon temps.

Le démon en tout cas fait rêver, aide à décider, ouvre des horizons, souffle des projets. C'est nous, mais sans être nous vraiment. Comme un dédoublement, un esprit qui nous révèle et nous ressemble mais qui, pourtant, tantôt s'empare de notre esprit et tantôt l'abandonne, présent ou absent, imprévisible et mystérieux.

S'inventer un démon, c'est comme faire naître un personnage de fiction. Il doit avoir des traits empruntés à votre réalité, être animé de vos espérances ou de vos craintes, de vos goûts ou de vos obsessions, mais il faut aussi qu'il ait sa vie propre, son autonomie. Imaginaire, tant qu'on voudra, mais également capable de n'en faire qu'à sa tête, de surprendre, de déconcerter.

Quand chacun a commencé à forger son démon, à le voir agir et parler, à l'apprivoiser tant soit peu, il devient possible de les comparer. Chacun présentera donc le sien, tentera de le décrire, de cerner sa silhouette. Il est possible de mimer, de raconter des anecdotes. Il est très recommandé d'inventer des histoires qui mettent en scène son démon, ses faits et gestes, son éventuelle espièglerie.

Certaines de ces histoires seront douces, d'autres cruelles. Certaines chastes, d'autres torrides. Car il y a toutes sortes de démons. Les uns sont gentils et charitables, compassionnels et amicaux. D'autres sont tueurs, violeurs, impétueux, escrocs, violents, prêts à tout.

Jamais d'ailleurs ils ne sont d'un bloc. Toujours des mélanges, des mixtures instables, évolutives. Il arrive aux démons de changer brusquement – de sexe, d'apparence, de ton, d'exigence. À force de scruter les singularités de votre démon, ces volte-face, ces paradoxes, ces contradictions, à force de les inventer pour mieux les suivre, il se pourrait bien que ce soit vous-même que vous commenciez à explorer.

46
Créer de fausses lois scientifiques

Évidemment, il ne s'agit pas des lois de la nature. Celles-là, on les découvre, que ce soit en physique, en chimie ou ailleurs. L'expérience consiste à forger quelques-unes de ces pseudo-lois – pas vraiment fausses, pas tout à fait sérieuses – qui concernent nos comportements et le cours des événements du monde.

Par exemple, la célèbre « loi de Murphy ». En gros, elle dit simplement que le pire arrive toujours. Plus exactement, elle affirme qu'une catastrophe possible se transformera nécessairement, un jour ou l'autre, en catastrophe réelle. Si le mauvais usage d'un appareil peut le métamorphoser en grave source de danger, cette erreur sera commise, forcément, par un usager.

Ce genre de loi possède un charme singulier. Elle transforme un fait banal, une observation de circonstance, en énoncé d'allure scientifique. Ce soir, vous êtes fatigué, et vos voisins habituellement silencieux organisent une fête bruyante. Ce n'est qu'un hasard sans signification. Mais si vous le transformez en pseudo-loi scientifique, vous énoncerez que : « Tous les voisins possèdent un égoïsme sans bornes les soirs où l'on est épuisé. »

Sur ce modèle, des lois du type « On oublie toujours son parapluie les jours d'orage » (ou ses lunettes les jours de soleil) ne vous feront pas un long usage. Pour être durables, les pseudo-lois doivent être plus générales et plus corsées. Si vous en trouvez une qui vous paraît tenir, vous pourrez lui donner votre nom.

Voici la mienne, la loi de Droit : « Toute affirmation sensée peut être transformée en proposition déraisonnable. » Pour la vérifier, il suffit d'un peu d'attention. « 2 et 2 font quatre » passe pour une affirmation sensée. Il suffit pourtant d'ajouter trois fois rien – « les années bissextiles », « chez les mousquetaires » ou « comme disait Vivaldi » – pour obtenir une proposition dont le caractère sensé est troublé, et devient douteux. Or toute phrase sensée possible est exposée à ce risque. L'intervention d'un élément apparemment anodin, mais perturbant, fait inéluctablement basculer la formule sensée vers la déraison.

À vous de trouver les lois que vous voulez léguer à la postérité. Rien ne vous empêche, évidemment, d'organiser des compétitions, des bases de données, des séminaires d'études. N'oubliez pas non plus, dès qu'une pseudo-loi vous semble établie, d'examiner l'hypothèse inverse. Ainsi, par exemple, l'anti-loi de Droit s'énoncera ainsi : « Toute proposition déraisonnable peut être transformée en affirmation sensée. » Reste à trouver ce qui pourrait lui donner sa légitimité. En fait, dès qu'on y pense, des religions révélées aux systèmes philosophiques, des doctrines politiques aux théories esthétiques, il semble bien on n'ait que l'embarras du choix…

47
Se choisir un nom

Normalement, notre nom ne dépend pas de nous. Reçu, hérité, donné par les autres, c'est toujours du dehors qu'il vient. Nous sommes nommés, nous le sommes déjà avant même de savoir notre nom, nous ne forgeons pas ce signe, il ne dépend pas de notre choix.

Sauf pour quelques-uns, en de rares occasions. Les fugitifs, réfugiés, exilés qui doivent vivre, pour survivre, sous une nouvelle identité. Les artistes – acteurs, chanteurs, peintres, écrivains – qui prennent un nom de scène, un nom d'auteur.

Toutefois, la plupart de ces choix sont contraints : il faut un nom qui ne se remarque pas trop, soit facile à retenir, sonne aisément dans le registre déjà existant. Ce nom est d'abord pour les autres, pas pour soi.

Si vous pouviez créer votre nom, celui qui vous va, qui vous ressemble, qui exprime vraiment qui vous êtes, quel serait-il donc ? La question même peut paraître curieuse. Ce nom existe-t-il ? Comment le forger ? Surgit-il d'un coup, comme une évidence, une certitude qui s'impose, une révélation ? Faut-il au contraire chercher par tâtonnements, multiplier essais et déceptions, hésitations et recommencements ?

Ça fait quoi, finalement, de se donner un nom ? On le trouve d'un coup, comme on déniche une trouvaille –

caché quelque part, en attente ? Ou bien on l'invente, de toutes pièces, pas sûr que ce soit le bon ? Pourquoi vous convient-il ? Comment fait-il pour vous correspondre ? Quelle est donc l'énigme de cette articulation, toujours mal élucidée, entre les personnes et les noms ?

Et aussi, peut-être, cette étrange illusion : le nom, toujours le même, nous fait croire qu'il existe un individu, toujours le même, un élément qui persiste et perdure, ne varie pas, demeure indéfiniment égal à lui-même. Or ce n'est pas sûr du tout.

Il est possible, au contraire, que nous soyons très différents d'un âge à un autre. Ou même d'une année, d'un jour, d'une heure à l'autre. Faudrait-il, du coup, se donner chaque fois un nom nouveau ? Dire : « Ce matin, je m'appelle… » sans savoir si, ce soir, ce sera toujours le cas ? Ou bien faut-il n'avoir pas de nom ?

Tout cela ne simplifie pas les cartes d'identité.

48

S'embrasser parce qu'on va mourir

Pour Blaise Pascal et Arthur Schopenhauer

Chacun de nous l'a su très tôt : ça ne durera pas toujours, cette vie-là, le présent partagé, les sensations du corps. Nous allons mourir. Inéluctablement, tous et chacun. Sans rien y pouvoir, sans rien y comprendre.

C'est si peu pensable, si impossible à regarder vraiment en face que nous avons inventé quantité de façons de tourner la tête, de nous taire, ou de trop parler. Pourtant, ce n'est qu'en parlant de notre mort que nous sommes vraiment humains.

Il faudra certains soirs, quand les lampes sont basses et l'amitié douce, dire sans détour ce que nous craignons, ce que nous espérons, ce que nous ignorons. Rien et tout.

Ça fait quoi, de mourir ? « Rien », dit l'un. « Trop mal », dit l'autre. « Ça dépend », « On peut pas savoir », ajoutent des voix familières. Et après, quand on est mort, qu'est-on ? Délivré, sorti du corps, survivant ? Anéanti, disparu, désintégré ? Transfiguré ou annihilé ?

Personne, si savant qu'il soit, ne sait cela. Chacun croit, et parfois dur comme fer, ce dont il ne peut avoir aucune connaissance certaine. La seule certitude est que nous y passerons tous, sans savoir de quoi il s'agit.

Comme des condamnés, enfermés ensemble, qu'on vient chercher un à un. Qui ne peuvent comprendre ni pourquoi ils sont là ni pour quelle raison ils cessent d'être là. Qui n'ont conscience que de leur sort commun, de son énigme et de la fragilité de la tendresse présente.

Après avoir en tous sens tourné et retourné nos espérances et nos craintes, nos convictions et nos incertitudes, il ne devrait plus rester qu'à nous embrasser tendrement, dans l'amitié de la proximité présente.

Mais, attention, ce geste simple exige une extrême justesse. Un rien peut le faire déraper, le rendre grandiloquent, mélodramatique, le faire sonner faux. Il faut seulement qu'il vienne à chacun du dedans, sans que personne soit en posture de spectateur. Pour s'embrasser parce qu'on va mourir, il faut que personne ne regarde.

49
Chercher des questions incongrues

Encore une activité qui ne s'arrête jamais. Des questions inattendues, on peut en inventer indéfiniment, tant qu'on a de l'encre et du papier, un clavier en ordre de marche, voire simplement, dépourvu de tout, rien qu'un souffle de vie. Car l'incongru est un visage de l'infini. Reste à comprendre en quoi il consiste. Et ce qu'il procure.

La plupart des questions portent sur des faits, naturels ou humains : à quelle température l'eau commence-t-elle à bouillir ? Ou bien : à quelle heure le train d'Angoulême arrive-t-il à Brest ? Ou encore : qui a inventé le moteur Diesel ?

Au contraire, la question incongrue connecte des éléments qui n'ont, à première vue, rien à voir les uns avec les autres. Elle organise un carrefour insolite entre des séries qui n'étaient pas destinées à se croiser. Il suffit, par exemple, de demander à quelle heure l'eau commence à bouillir à Angoulême, quelle est la température des moteurs Diesel à Brest, qui a inventé l'eau, l'heure ou le moteur… pour obtenir une sorte d'interrogation qui… qui quoi ? Fait hausser les épaules ? Intrigue ? Arrête un instant la réflexion ?

Plutôt qui ouvre à la pensée un espace inédit, inaperçu et même insoupçonnable. Car l'incongru n'est pas l'absurde, qui ferme le chemin, arrête la réflexion. La pensée ne peut rien faire d'un cercle carré, d'un énoncé contradictoire, de la santé du fils d'une femme stérile, de ces questions qui s'annulent d'elles-mêmes, faute de sens et de validité. L'incongru, au contraire, ouvre des perspectives, multiplie les points de vue. Il fait entrevoir des horizons innombrables, qui font sourire avant même qu'on se demande s'ils sont attirants ou tout à fait vains.

Essayez de chercher, par exemple, pourquoi les lettres ont des pieds, où se trouve le fond de l'air. Et trouvez des centaines et des milliers d'autres interrogations de ce genre. Tous les effets sont garantis. Personne, il est vrai, ne peut préciser lesquels.

50
Penser au cosmos

Accaparé, harassé, harcelé, ça va trop vite. Avec trop de tâches, de soucis, d'exigences. Nez dans le guidon, plus de regard pour rien ni de pensée pour tout. Examens, révisions, promotions, chômage, enfants, provisions – pas de rémission.

Solution : les protubérances solaires, les aurores boréales, le trajet des galaxies ! Retrouvez les anneaux de Saturne, la Voie lactée. Sans oublier la galaxie d'Andromède, Alpha du Centaure, les vertiges des photos de Hubble, les trous noirs et notre vieille voisine la lune.

Levez le nez, rien qu'un instant. Vagabondez à quelques milliards d'années-lumière d'ici, même cinq minutes. Vous ne verrez plus du même œil vos appréhensions du matin et vos fatigues du soir.

De temps à autre, de jour ou de nuit, un coup d'œil en haut, ailleurs, au loin. Histoire de se souvenir fugitivement qu'il existe un univers immense, au-delà de notre portée, de nos imaginations, opaque encore à nos investigations. Si graves que soient nos difficultés, si aigus nos problèmes, ils ne sont de ce point de vue que poussières infimes.

Le cosmos, cependant, ne peut pratiquement rien contre les jambes lourdes, la migraine ni les découverts en banque. L'univers a des limites.

51
Écouter les autres parler

Du matin au soir, nous écoutons les autres parler. Partout – à la radio ou à la télé, ou bien en face de nous, au travail, à la maison, au café… – ils nous interpellent, questionnent, racontent, se confient, ordonnent, et nous, nous les écoutons et parfois leur répondons. En tout cas, c'est ce que nous croyons, de bonne foi. Mais ce n'est qu'une apparence.

Car nous entendons, presque toujours, des mots et des phrases, du sens, des messages. Mais pas vraiment le grain de la voix, le rythme des souffles, la musique des sonorités enchaînées. C'est là que l'expérience va d'abord se concentrer.

Pendant que quelqu'un vous parle, vous vous appliquerez à entendre – mêlé à ce qu'il veut dire – sa manière de le dire : intonations, inflexions, respirations, accentuations. Très vite, vous constaterez cet étrange dédoublement : les sens et les sons, indissociables, sont malgré tout distincts, à la fois joints et disjoints, situés sur des registres combinés et décalés.

Entre amis, il est possible de passer à l'étape suivante. Vous déciderez pour un temps d'écouter ainsi chacun de ceux qui parlent au sein du groupe. L'effet est étrange : se sachant écouté ainsi, chacun devient attentif à sa propre manière de s'exprimer. L'écoute n'est plus simple et directe, portant sur le contenu. Elle devient plus complexe, étagée, s'étend à la forme. La manière de parler, elle aussi, s'en ressent. On peut dire à l'autre qu'on est d'accord avec son argument, mais pas avec sa manière de prononcer les « r ».

Avancer dans cette expérience et dans les discussions qu'elle suscite nécessairement fait découvrir combien chacun est attiré ou intrigué par des détails disparates, séduit ou repoussé par des nuances verbales distinctes. Ce qu'on entrevoit peu à peu, c'est qu'écouter les autres parler et leur parler pendant qu'ils vous écoutent ne sont jamais uniquement affaires d'idées, de sens et de compréhension. Les sons, les sensations, les sens du corps sont aussi de la partie.

La plupart du temps, cette dimension demeure souterraine, comme mise entre parenthèses. En la faisant resurgir clairement dans nos façons d'être, il n'est pas impossible d'en voir modifiées nos façons de penser.

52
Trier des destins

Quand un humain vient de naître, rien ne permet, sauf exception, de prévoir s'il sera ou non champion olympique de 200e nage libre, de tir à l'arc ou de kayak. Certes, des malformations peuvent écarter ces éventualités – mais elles appartiennent, justement, aux exceptions.

On pourra toujours remarquer que les probabilités ne sont pas identiques pour un enfant de paysan bolivien et pour celui qui naît dans une famille de sportifs américains ou chinois. Mais ce ne sont que des indications statistiques, elles n'empêchent pas que l'enfant bolivien ait un destin d'exception, ni que l'enfant des champions devienne un bureaucrate.

À mesure que passent les jours et les années, les destins se trient. Certains se précisent, se fixent, d'autres déclinent et disparaissent. Vous pouvez faire la liste de tout ce que vous ne pourrez plus jamais être et de ce qui demeure possible. Plus le temps passe, plus la première liste s'allonge, plus la seconde s'amenuise.

Mais personne ne les dresse jamais réellement. Parce que c'est un vrai test. Essayez donc, vous risquez d'y apprendre bien plus que vous ne pensez.

53
Défaire les rubriques de l'actualité

Tous les journaux ont des rubriques. Qu'ils soient papier ou radio, télé ou Web, ils répartissent les infos dans des cases, selon leur genre : international, politique, économie, société, sport, high-tech, culture... Chacun trouve ça normal, n'y prête plus attention. Pourtant, si le classement est commode, il fait rater mille occasions de construire des liens entre les infos.

On va donc se donner pour règle de considérer les informations comme un tout. Faites sauter les cloisons dans votre tête entre les sports et l'informatique – ils sont reliés. Entre les matchs et la politique – ils ont des rapports. Entre l'économie et la mode, la météo et la médecine, le tourisme et les élections, il existe des connexions que les rubriques négligent et masquent. Imaginez que tout ne forme qu'un flux unique, divers mais solidaire : tous les aspects du monde se répondent et correspondent.

Concrètement, l'expérience s'appliquera à chercher par exemple comment se relie ce qui est dit page de gauche et page de droite de ce quotidien ou de cet hebdo, quels sont les rapports entre les articles et les pubs, le début et la fin. Sur le Web, on observera comment se télescopent ou se font écho les titres, les images, les clips.

Au lieu d'accepter le morcellement, la règle du jeu est d'apercevoir des ensembles. Ce n'est pas toujours commode, car le mouvement du découpage va en sens contraire. Commencez donc par deux éléments séparés – titres, sujets, dépêches – et demandez-vous ce que vous pouvez penser de leur rapprochement. Qu'est-ce que cette juxtaposition vous inspire ?

Exemple de ce matin : sur une page, un article sur l'inquiétante augmentation de la recherche d'ivresse soudaine chez les adolescents, leur désir croissant de se soûler vite et fort, au risque du coma. Sur la page d'en face, une enquête sur ce que l'informatique change dans nos manières de penser, les modifications que les réseaux sociaux et les usages du Web introduisent dans nos rapports au temps, à l'espace, aux autres.

Entre ces deux pages, rien. Une pliure, un saut, une absence de rapport. C'est là qu'il faut s'installer. Pourrait-il exister un lien entre le fait que se répandent en même temps l'usage du Web et celui de l'ivresse rapide ? Il serait stupide d'imaginer que l'un produit l'autre. Mais que peut bien signifier le fait que ces deux traits deviennent visibles au même moment ? C'est bien la même époque, c'est le même jour que le même journal en parle, et nous, qui n'avons pourtant qu'une seule tête, nous ferions comme si ces deux faits n'avaient absolument aucun rapport ?

Il n'existe évidemment pas de lien direct et rigide entre tous les événements qui adviennent dans le monde. Le risque, en adoptant un regard d'ensemble, un souci des liens, des ponts, des rapprochements est de les voir devenir mécaniques et simplistes. Les théories du complot, la recherche effrénée du sens caché de tous les faits de l'actualité, la prétention d'un déchiffrement global du monde constituent des mystifications délirantes.

Le but n'est pas d'unifier tout, de tout expliquer par une clé unique, ouvrant universellement toutes les serrures. Il est de multiplier les questions, les chemins de traverse, les motifs d'étonnement et de réflexion, en rapprochant ce que les rubriques écartent habituellement.

Ce jeu est toujours plus intéressant pratiqué à plusieurs : on comparera ses résultats, ses hypothèses, ses découvertes ou ses perplexités. On divergera sur les interprétations, on se querellera interminablement, amicalement, parfois durement. Pour quel résultat ? Sûrement pas un savoir, mais sans doute une exploration nouvelle, et surprenante, de l'époque, de ses sens multiples, de son foisonnement permanent.

54
Découvrir le pouvoir des listes

Vous trouvez sans doute les listes ennuyeuses. Celles des courses à faire, des coups de téléphone à donner, des courriers à poster, celles des rois de France, des champions olympiques d'escrime et de bobsleigh ne sont pas forcément amusantes. C'est un fait. Mais pas un destin.

Car, par son principe, la liste engendre l'insolite. On peut établir des listes de n'importe quoi. Des objets qui mesurent 59,3 centimètres de haut, des légumes dont le nom commence par « C » (en français ou dans d'autres langues), des tailleurs pour dames mentionnés par les annuaires téléphoniques de Sydney entre 1995 et 2002. La liste peut être brève ou interminable, exhaustive ou approximative, utile ou inutile, banale ou excentrique… elle est toujours *transversale*. C'est là son mérite, son essence, son héroïsme propre.

Dans l'immense chaos du monde, parmi les surgissements anarchiques et innombrables de ce qui se fait, se dit, s'archive, se détériore, la moindre liste introduit un principe d'ordre. Peu importe qu'il soit dérisoire, baroque ou instructif. L'essentiel est qu'à sa manière une liste, n'importe laquelle, structure la réalité.

Même celle des courses : un kilo d'oranges, huit yaourts nature, deux paquets de biscottes (sans oublier le PQ et le chocolat) règlent l'univers entier en le scindant en deux :

les choses devant-être-achetées-ce-jour et… tout le reste, négligeable, ne figurant pas sur la liste, depuis les yaourts aux fruits jusqu'à la galaxie d'Andromède, en passant par la Joconde et les îles Trobriand.

De façon plus attrayante encore, et pour tout dire vertigineuse, le nombre infini de listes possibles recombine l'univers d'une infinité de manières. Selon que vous projetterez de constituer la liste des sabres japonais détenus en Serbie, des habitants de Leeds (Royaume-Uni) originaires de Thaïlande, des sites archéologiques du Liechtenstein, ou la liste des stars autrichiennes du cinéma muet, vous n'obtiendrez pas le même monde que si vous envisagiez de dresser la liste des souverains en exercice assassinés par balle depuis deux cents ans.

La puissance des listes permet en outre de rebattre indéfiniment les cartes : souverains tués par poison, par arme blanche, par strangulation… autant de listes différentes, et de mondes dissemblables. *Idem* pour les stars du muet – italiennes, tchèques ou portugaises –, les sites archéologiques de la Basse-Saxe, de la Haute-Corse ou du Moyen-Poitou, les habitants de Leeds originaires de Corée, de Birmanie ou de Suisse, la liste des sabres japonais détenus au Liban, ou des couteaux suisses possédés en Serbie… Ça ne s'arrête jamais !

La vraie satisfaction, c'est de comprendre qu'il n'y a pas de liste des listes, qu'il ne peut pas y en avoir, et qu'il n'y en aura jamais. Ceux que cette découverte inquiète sont gravement atteints.

55
Se laisser troubler par des calembours

Le plus souvent, on ne leur prête aucune attention. Les jeux de mots font sourire. Pas tout le monde, d'ailleurs. On peut les voir autrement, comme un facteur de trouble, l'engendrement d'un léger malaise qui doit donner à réfléchir. Quand on joue à détraquer le sens des mots, ce sont aussi les idées qu'on commence à bousculer, on introduit dans les pensées de minimes décalages. Des mécanismes se grippent, il peut en surgir des étincelles.

Les jeux sur les mots reposent tous sur l'existence, dans la même expression, d'un double sens, généré par des découpages différents des suites de sons. Une « fêlure », par exemple, devient une « fée Lure », un « baratin » un « bar atteint ». Ces brouillages sont si éphémères, si superficiels qu'on les croit inoffensifs. C'est une erreur. Car ils mettent en cause, de proche en proche, nos repères essentiels. Ce qui était « décisif » devient « des six ifs », et les « Citroën » se transforment ni en citrouille ni en six trouilles, mais en « six troènes ».

Quand les calembours s'enchaînent et font système, le paysage devient étranger. Prenez, par exemple, la *Lettre écrite à Madame la comtesse Tation* (1770) du marquis Georges de Bièvre, un des maîtres du genre. Il décrit ainsi les funérailles de l'abbé Quille : « [...] le père *Turbateur* faisant office de grand-maître des cérémonies, le père *Soreille* toucha de l'orgue, le père *Pétuel* joua du basson, on chanta un hymne de la composition du père Vers, et le père *Oquet* prononça l'oraison funèbre.» Il signale également la présence de quelques abbés (Cassine, Charnel, Tise, entre autres) et d'autres amis (Graine, Traille), qui adressèrent des prières à trois saintes : Ure, Onge et Axe.

Vous pourriez ajouter des saintes : Etik, par exemple. Des amis : Donnet, Parkour. Des abbés : Arnèse, Mol. Des pères : Manente, Oxid. Ne vous arrêtez plus. Imaginez, en ces temps œcuméniques, aux obsèques de l'abbé Quille, la présence de quelques lamas, par exemple Cédoine et Chine.

Il s'agit de chercher ce que chacun éprouve au juste face à ce résultat. Est-ce un sentiment d'absurde ? Une intense jubilation ? L'impression d'une menace sur l'ensemble du sens ? Tout cela à la fois ? Mais dans quelle proportion ? Ou bien tout autre chose ? Si malaise il y a, il est lié à la fragilité du sens que les jeux de mots dévoilent.

Si un terme peut toujours dire autre chose que ce qu'on croit, si des significations différentes coexistent dans chaque mot prononcé, alors ce qu'on appelle « le sens » commence à apparaître comme une pellicule mince, somme toute fragile. Avec les jeux de mots, cette fine couche commence à se craqueler, semble prête à se disloquer. Voilà pourquoi il faut prendre les jeux de mots au sérieux. Ils nous font prendre conscience de la fragilité du sens.

Nous nous croyons bien assurés de la signification des mots, de celle du monde et de l'existence. Il suffit de quelques calembours, anagrammes, charades, rébus, contrepèteries, palindromes… pour constater que rien n'est si simple. C'est aussi dans ce genre d'embarras que la philosophie prend sa source.

56
Composer des sigles

Pour Pierre Dac

Nous vivons dans une jungle de sigles et d'acronymes, et noms de groupes, et dénominations d'institutions, de centres, d'entreprises, de départements… Le jeu est d'en ajouter quelques insolites, d'en inventer de loufoques, en hommage au MOU (Mouvement Ondulatoire Unifié) inventé autrefois par Pierre Dac.

Vous aurez remarqué qu'il n'existe pas – pour des raisons évidentes – de Comité d'Organisation des Noms, ni de Centre d'Unification des Libellés. C'est pourquoi personne ne saurait vous empêcher de créer le NUL (Nouvel Urbanisme Libre), l'Union des TARES (Transports Allemands Russes Estoniens et Suédois), le DEBILE (Département d'Évaluation des Banques Internationales et des Lobbies Économiques), le FOU (Fonds d'Opérations Universelles).

Derrière cette activité qui évoque le potache nul et la cour de récré, il y a bien une piste pour la réflexion : superposer deux grilles de signification, c'est le principe fondamental de tous les codages, messages cryptés, communications plus ou moins secrètes. Une chose est dite, visible et apparente, mais une autre peut se lire, dans le même énoncé, en le considérant sous un angle différent. Ici, en prenant les premières lettres. Dans d'autres codes, le premier mot de chaque phrase en révèle une autre. Sur le même principe, les variations sont innombrables : il est possible de choisir un mot sur trois, la deuxième ou la troisième lettre de chaque mot, ou encore la dernière, puis la première, pour inscrire deux messages en un.

Il n'est pas recommandé de pratiquer continûment ce genre d'exercice. Sinon, à terme, la simple phrase « Attention à la marche » vous paraîtra contenir un secret à déchiffrer. Ce qui pourrait être préjudiciable à votre équilibre.

57
S'isoler dans le bruit

Un marteau-piqueur creuse l'intérieur de votre cerveau. Par saccades : il vous déchire, s'arrête, reprend, et ainsi de suite. Une perceuse vrille le fond de vos tympans, sans discontinuer, toujours plus profondément. Des haut-parleurs gigantesques font vibrer, au creux de votre estomac, des fibres d'habitude immobiles, à intervalles irréguliers. Chaque fois, vous êtes submergé par la vague de stridence, noyé dans le son, happé dans le bruit. Le jeu, c'est de parvenir à y échapper, sans faire un pas, sans un geste.

Il faut tenter de descendre en dessous, là où le son n'atteint pas, sous la surface de la présence, dans le creux silencieux des bruits, là où rien ne tressaute ni ne fluctue. Se rappeler d'abord que ce creux calme existe, inentamé, imperturbable. Le bruit qui déchiquette fait penser qu'il a envahi absolument tout, il vous a persuadé ; de force, à votre corps défendant, qu'aucun répit n'existe, sauf après, ailleurs, plus tard, quand ça sera fini, si ça finit jamais. Faux !

Le vacarme n'est qu'une surface, une pellicule, une feuille d'adhésif. Vous pouvez en décoller un coin, en soulever un petit bout et vous glisser dessous. Essayez ! Avec un peu de patience, de chance ou de conviction, vous parviendrez à passer sous le bruit. Cela ne veut pas dire qu'il aura disparu, ni que vous ne l'entendrez plus. Mais vous aurez presque fini d'en souffrir. Une partie de vous aura trouvé refuge dans le silence, malgré tout.

58
Supprimer mentalement les objets récents

Je ne vous conseille pas de mettre à la poubelle votre Notebook ou votre iPad, votre smartphone ni votre lecteur de DVD. Ce serait coûteux, et par ailleurs polluant. Une expérience de pensée suffit, mais pas si simple qu'on pourrait croire. Car il s'agit de désintégrer dans sa tête, l'un après l'autre, des objets techniques qui façonnent notre vie quotidienne. Imaginez alors comment était l'existence sans eux – et soyez étonné.

Commencez par les réseaux sociaux. Imaginez le temps où chacun devait forcément, pour retrouver ses amis, se rendre quelque part, autour d'une table, d'un comptoir. Pour leur écrire, il fallait prendre feuille de papier, stylo, enveloppe, timbre, et aller poster la lettre cachetée. Pour les inviter, il fallait téléphoner à chacun, l'un après l'autre.

Imaginez encore la vie de chaque jour sans écran plat, sans baladeur, sans écouteurs, sans casque. Si vous êtes en forme, continuez en ôtant des objets moins neufs – micro-ondes, lave-vaisselle, lave-linge. Encore un effort, vous remplacez la voiture par une carriole à chevaux – mentalement, cela suffit…

Considérez alors, geste par geste et heure par heure, ce que pourrait bien être votre quotidien dans ce monde-là.

Savoir si c'est moins bien ou mieux est une autre question. Le but du jeu est seulement de prendre conscience de ce monde fabriqué qui nous paraît si naturel. La question est de savoir jusqu'où va ce grand débarras. On ôte les maisons ? Les vêtements ? On garde quoi ? Les mots pour se parler ? Ils n'ont donc jamais été fabriqués ?

Encore un pas, vous constaterez que l'idée même d'un monde naturel n'a pas grand sens : nous ne saurions pas dire ce qui est naturel pour nous, ce qui ne l'est pas, ce qui l'est devenu ou ce qui l'a toujours été. Ou alors il faut construire des fables, des histoires d'homme sauvage, de vie sans outils, sans maison, sans vêtements, sans langage.

Il est recommandé de tenter cette expérience à plusieurs. Cela permet de s'entraider dans la disparition des objets et la déduction des conséquences, de constater que tous ne pratiquent pas de la même manière cet exercice mental. Et surtout de se quereller copieusement à propos de la nature, de la nature humaine et de l'humanité – distraction philosophique inépuisable.

59
Multiplier un croissant

Que les boulangers se rassurent. En proposant la multiplication d'un croissant, je ne leur fais prendre aucun risque. Leur cauchemar, qui serait l'aubaine des consommateurs, « Un croissant acheté, dix croissants mangés », n'aura pas lieu. Parce que cette expérience ne fait pas de miracle. Elle n'opère pas comme avec les pains et les poissons dans les Évangiles. Ce qui devrait rassurer également les autorités ecclésiastiques. Église et boulangers désormais rassérénés, opérons. Les lecteurs, déjà déçus de ne pas avoir plusieurs viennoiseries pour le prix d'une, ont bien droit à une compensation. Car le titre ne recèle aucune supercherie, je ne me permettrais pas. Multiplication il y aura. Reste à savoir comment.

À côté des biscottes, du sucre, de la confiture, de la pomme et du yaourt, sur le plateau du petit déjeuner, cette chose feuilletée, odorante et joufflue, contente de soi, dodue, presque tiède encore du four où elle a pris, il y a peu, cette teinte de sous-bois l'automne, traversé d'un rai de soleil, en français se nomme « croissant ». L'expérience est fort simple : quitter tout regard esthète, toute forme d'appétence pour cette pâte fondante-craquante, cesser de saliver, voir la chose autrement.

D'abord, du point de vue du boulanger : type de farine, beurre ou margarine, style de feuilletage, quantité de sel, temps de cuisson. Laisser ensuite la veste blanche, prendre le stéthoscope, adopter le point de vue du médecin : combien de calories ? Digestibilité ? Rapport lipides-glucides ? Une fois saisi le principe, libre cours pour la suite. Les points de vue, par définition, sont en nombre indéfini. Vous n'aurez que l'embarras du choix.

Vous examinerez donc votre croissant avec, par exemple, les yeux du physicien (poids volumétrique, élasticité, résistivité à la rupture), du chimiste (structure moléculaire, résidu à la combustion), du maître d'hôtel (disposition sur le plateau, mise en valeur), du gestionnaire (prix de revient, tarif dégressif, positionnement sur le segment), du neurobiologiste (le neurone du croissant, dans quelle aire corticale ?). Rien ne vous empêche de poursuivre en historien, linguiste, géographe ou psychanalyste.

En peu de temps, des cryptes s'ouvrent sous la pâte, qui mènent au croissant dans la littérature (Zola, Proust, Duras), dans l'Union européenne (churros et pancakes le talonnent méchamment), dans la symbolique (croissant rouge, croissant fertile), dans le structuralisme (relations croissant-tartine, croissant-brioche) ou même dans la métaphysique (quel effet ça fait d'être un croissant ?). Une fois parcouru quelque chemin, après avoir aussi comparé vos points de vue à ceux de vos amis, le temps venu de tirer la leçon, vous aurez saisi que rien n'a qu'une seule face, ni un seul sens. Aucune chose jamais n'autorise qu'un point de vue. Il convient donc de les multiplier, de savoir que le monde est à facettes : n'importe quoi, vu ainsi, est un diamant.

Par exemple la biscotte, le sucre, la confiture, le yaourt. Vous pouvez poursuivre la multiplication des points de vue, interminablement, avec une kyrielle de choses. Évidemment, cela consomme quelque énergie. Du coup, quand vous aurez, sur le croissant, multiplié les angles d'approche, vous voyez ce qu'il vous reste à en faire… « La preuve du pudding, c'est qu'on le mange », disait Engels, un garçon que les idioties n'effrayaient pas. Pour le croissant, on cherche encore ce que ça prouve.

60

Contempler un embouteillage à l'arrêt

Pour André Lewin

C'était à Bénarès, l'hiver, un soir de pleine lune. Les mariages, en Inde, se célèbrent ces soirs-là. Ce qui ne simplifie pas la circulation. D'ordinaire ahurissante, elle devient hallucinante. Les rues se métamorphosent en torrents vivants, les carrefours en zones de tempête. Le moindre croisement engendre des encastrements inextricables, des tohu-bohus comme on n'en voit nulle part ailleurs.

Sur un rickshaw, soûl de fatigue, après avoir déambulé des heures, évité de justesse une morsure de singe et donné une conférence à la Hindu University sur les espérances et les effrois suscités en Europe, au XIXe siècle, par les doctrines indiennes, je vais sans doute quelque part. En équilibre sur l'étroite banquette qui tressaute à chaque tour de roue, l'œil sur la nuque burinée du conducteur, mal à l'aise de me faire ainsi transporter par un de mes semblables – plus âgé, moins valide, infiniment plus nécessiteux que moi.

Scandaleuse, la situation est normale. Entre la poussière froide et la brume de la nuit, entre les Klaxon, les sonnettes et les cris, l'odeur du gasoil et la fumée des braseros et des épices, je m'étonne de voir où mène la philosophie. Cause : un travail entamé quelques années plus tôt sur les représentations de l'Inde chez Hegel, Schopenhauer et Nietzsche. Conséquence : un équilibre instable sur un véhicule, ni grand ni petit, non loin du Gange, un soir de pleine lune, dans une affolante cohue…

Voilà qu'un grain de sable bloque tout : le cortège d'une noce essaie de traverser la rue. Le rickshaw s'immobilise, encastré dans un chariot, bloqué par une voiture, flanqué d'une dizaine de Mobylette, triporteurs et vélos enchevêtrés, emboîtés, imbriqués les uns dans les autres. Le monde est plein, entièrement. Plus un interstice vacant, pas le moindre jeu. Tout s'arrête. L'embouteillage demeure – fumant, pétaradant, cacophonique –, mais immobile tout à fait. Le repos.

Ça dure. Je ne saurais pas dire combien – combien de quoi ? C'est hors mesure, mais assez pour faire l'expérience d'un sentiment de l'immuable. Au sein de la jungle de moteurs et de tôles, se tient de l'immobile. Dans les trajets, un rien demeure sans bouger. Dans l'agitation, un cœur énigmatique de sérénité. Dans le bruit, le silence perdure. Dans ce suspens phénoménal, une chose sans nom se donne à éprouver. Ce blocage complet révèle soudain un fondement inaccessible. S'entrevoit un monde « sans » : sans progrès, sans but, sans justification, mais aussi sans souci, sans grandeur comme sans jugement. Simplement là – sans attente, sans fin, sans raison. Indéfiniment identique.

La noce passée, un intervalle se libère. Peu à peu, les fragments du puzzle reprennent leurs distances, tout se remet en marche. Pas tout à fait comme avant, malgré tout. Car demeure, malgré les années passées, le souvenir de cette expérience, la conviction qu'elle est partout reproductible et ouverte à chacun. Ainsi, quand vous serez dans le pire des embouteillages possibles, cloué à l'arrêt, sans moyen d'en sortir, tentez de passer sous la première strate – énervement, fatigue, crainte du retard, ennui de la claustration – et contemplez exactement ce qui se passe. Avec un peu de chance, vous entreverrez l'indifférence du monde, immobile, sous le chaos des surfaces.

61
Chercher ce qui ne finit jamais

Avec tout le respect qu'on leur doit, il faut quand même bien avouer que les grands singes, pour autant qu'on sache, se préoccupent très peu de l'infini. Il en va de même, peut-être plus nettement encore, chez les vaches, les baleines, les limaces, les pinsons et les scarabées. Pour aller vite, cette affaire d'infini, il semble bien que ce soit seulement, jusqu'à preuve du contraire, une préoccupation des humains.

En mathématiques, on utilise la notion couramment, même au niveau le plus élémentaire. Et sa définition paraît toute simple, puisqu'un principe de « toujours au-delà » permet de désigner l'infini : à un nombre donné, aussi grand qu'il soit, il est toujours possible d'ajouter un. Si cela suffit pour l'idée, l'image, elle, reste en plan. Ce que peut être l'infini, même quand on essaie, on n'arrive pas à se le représenter.

Tentez donc, par exemple, d'imaginer une rue qui ne s'arrêterait jamais. Il y aurait toujours d'autres immeubles « après ». Ou bien rêvez d'un escalier qui aurait toujours « encore un étage », et un suivant, éternellement… En fait, au premier abord, on a l'impression de parvenir à l'imaginer. Mais, très vite, il faut reconnaître que l'on échoue, car on réintroduit inévitablement un terme, une fin, un dernier élément.

Nous avons l'illusion d'imaginer l'infini, mais nous n'y parvenons pas. Un moment nous est indispensable, où la série s'arrête. Pour nous, le voyage peut être aussi long qu'on voudra, mais pas interminable. Nous allons toujours quelque part, jamais toujours plus loin. Pourtant, c'est ce souci qui nous fait avancer.

62
Croire à ses mensonges

D'habitude, c'est bien clair. On sait parfaitement dans quel cas ce qu'on dit est vrai, et quand on ment. La frontière entre les deux est sans ambiguïté. Aucun doute n'est permis. J'affirme avoir fait ceci, je me souviens, indiscutablement, l'avoir fait. Ou bien, je soutiens avoir fait cela, mais ce n'est pas vrai, je le sais, et je le dis malgré tout, donc je mens. Peu importe ce qu'on pense du mensonge, il existe ce point fixe : personne ne confond totalement mensonge et vérité, réalité et fiction, histoire vécue et histoire inventée.

Pourtant, il y a des exceptions. Il arrive qu'on se persuade d'avoir souvenir d'une scène d'enfance, alors qu'on l'a seulement entendue raconter maintes fois. A-t-elle eu lieu ? Comme on le dit ? Dans le fond, en y réfléchissant, ce n'est pas sûr du tout. Mais on le croit, on y adhère, on fait confiance. Au point qu'on a l'impression de se souvenir nettement des faits et gestes, de l'atmosphère, du paysage.

Ce n'est pas encore un mensonge transformé en pseudo-vérité. Le récit d'enfance est vraisemblable – douteux peut-être, mais pas purement imaginaire, en tout cas pas de façon sûre et certaine. Il se pourrait que tout se soit déroulé ainsi. Ou bien peut-être pas. Tantôt j'y crois, parce qu'on me l'a toujours décrit de cette manière, et tantôt j'en doute, mais je ne confonds pas vraiment les deux registres.

L'expérience consiste à tenter de brouiller cette frontière. Cette histoire est fausse, purement inventée, ce qu'elle raconte ne s'est jamais passé comme ça, vous le savez. Mais, à force de la répéter, vous allez commencer à douter de cette première assurance, à laisser ce scénario s'insinuer en vous, vous envahir et vous saturer. Petit à petit vont s'estomper les lignes entre ce que vous avez inventé et ce que vous avez fait vraiment. Au point que vous croirez presque avoir vécu l'histoire en question : à force de faire adhérer les autres à cette fiction, vous finissez à votre tour par y adhérer vraiment.

Ce qui peut aller loin et fort. Ce pays où vous n'avez jamais mis les pieds, vous finissez par être presque aussi certain d'y avoir séjourné que vous êtes assuré de connaître ceux où vous avez été. Plutôt que les voyages, prenez ce qui vous plaira – personnes rencontrées, livres lus, exploits accomplis, forfaits perpétrés, emplois tenus, liaisons rompues… Quelle que soit votre fiction, regardez ce qui se passe quand, finalement, vous êtes presque parvenu à y croire.

Ce *presque*, cette zone instable sont intéressants. Dans « le fond du fond », vous savez bien que vous n'êtes pas allé(e) là, que vous n'avez pas fait ces gestes, jamais accompli ces actes. Mais, « dans le fond », vous croyez aussi, sincèrement, que si ce n'est pas absolument exact, quand même ça aurait pu l'être. Tout cela a même fini, en un certain sens, par « exister ». Pas dans la platitude du réel, sans doute, mais dans un monde qui en est assez proche, un réel de l'imaginaire.

D'ailleurs, quand vous songez à certains actes que vous avez vraiment accomplis, quand vous les comparez à ceux que vous avez inventés, vous constatez que les images mentales se ressemblent : les souvenirs sont comparables, les mots sont les mêmes. La différence, somme toute, est ténue.

Certes, elle demeure impossible à supprimer. La distance qui sépare « le fond » et « le fond du fond », ce qu'on se raconte et ce qu'on sait être exact, n'est jamais éliminé, sauf pathologie lourde. Entre les deux s'étend tout l'espace de l'existence, une sorte de zone intermédiaire où se mêlent en proportion variable ombres et lumières, bonne et mauvaise foi, faits attestés et rêves envahissants.

À tel point qu'il se pourrait bien qu'on ne sache jamais vraiment, dans le fond, si on a réellement vécu sa propre vie.

63
Lister les bruits

On les entend, on ne les écoute pas. Les bruits de notre quotidien – de plus en plus divers, de plus en plus nombreux – finissent par exister dans une étrange zone d'indifférence. Ils sont là, crissent, raclent, sifflent, chantent ou cliquent. Mais c'est comme s'ils étaient absents, tombaient dans le vide, ne parlaient à personne.

Pourtant, du matin au soir, ils nous accompagnent. Réveil, radio, textos, brosse à dents, rasoir, douche et mails, tram, train ou voiture, ascenseurs et parkings, bureau ou école, cantine ou restau… partout des portes chuintent, des signaux bruissent.

Pour y devenir attentifs, retrouver ce qu'ils ont d'étrange, de disparate, d'envahissant – tantôt rassurants, tantôt agaçants –, le plus simple est d'en dresser la liste. Un jour, vous les notez tous, du premier au dernier, de l'œil ouvert à l'œil fermé.

Ça peut donner quelque chose de ce genre : « Dring dring dring dring… Chuit, chuit. Tiketouk ! Diing. Tin tin… tin… Teklik teklik teklik teklik teklik. Bzông. Tchuko tchuko tchuko. Pach Pach. Zii zouin zii zouin.

Khouch. Tiketouk ! Bing. Tak touk kti ! Tak touk kti ! Iiiiiiih… Bzông. Pfuiit. Schloche. Pfuiit. Schloche. Vlouch. Bachouf. Vrom. Tatata tata tata tatatata. Klovink.

Barchouf. Schlochi. Vrom. Mirch mourch mirch mourch. Tiketouk ! Pchuuuuiit ! Klonk. »

Ce n'est qu'un exemple, et un début. Vous pouvez, à votre choix, noter seulement les bruits bruts (pour vous remémorer ensuite de quoi il s'agissait) ou ajouter, si vous préférez, quelques indications sur l'heure, le lieu, les circonstances. Vous pouvez aussi, cela va de soi, commencer par une heure seulement, ou une demi-journée.

Unique objectif : trouver une voie d'accès à cette autre face du monde où vous vivez. Ces bruits, vous les entendez tous les jours, vous les connaissez par cœur. Pourtant, vous ne les aviez jamais vraiment remarqués. Vous n'aviez pas nécessairement conscience de leur nombre, leur intensité, leurs contrastes, leurs répétitions.

Vous pourrez découvrir qu'ils forment des familles, des clans, qu'ils se répondent ou s'ignorent, qu'ils entrent dans des jeux d'alliance et de rivalité. Vous pourrez encore comparer les lieux, les saisons, les pays… selon les bruits qu'ils offrent. Vous pourrez aussi, entre amis, évoquer les bruits que vous préférez et ceux qui vous font fuir, échanger des bruits rares.

Vous devriez surtout, un jour ou l'autre, vous demander à quoi correspondent tous ces bruits, ces rappels, ces alertes, ces signaux. Vous devriez vous interroger sur la place du silence, son éventuelle disparition, ses aspects sécurisants ou mortifères. Vous aurez, après avoir trouvé les bruits, à tenter de les penser.

64
Concocter de nouvelles expériences

Essayez désormais de continuer par vous-même. Sans oublier qu'élaborer une expérience constitue en soi une expérience, et qu'on peut entrer dans ce processus tout seul ou avec ses amis. Pour en concocter de nouvelles, il n'existe aucune recette bien établie, aucun mode d'emploi figé.

À l'usage, quelques démarches, malgré tout, s'y retrouvent régulièrement. Les esquisser pourra peut-être vous aider. Leur intention commune : déclencher des mouvements, provoquer étonnements, légers troubles, micro-perturbations susceptibles de mettre en branle, si possible pour longtemps, un désir de comprendre. On est surpris, mais saisi par l'envie immédiate de chercher ce qui se joue là, ce qui se passe – à l'intérieur, ou dessous, ou derrière…

L'exagération est un premier moteur. Prenez un détail, un incident microscopique, jouez à le grossir, à le démultiplier, à intensifier ses effets. Prolongez une série, elle devient dérangeante. Répétez plusieurs fois un simple trait, familier et banal, il va changer de registre. Étendez, de proche en proche, à tout le paysage, une caractéristique anodine, elle se révèle étrange.

Décalage, pas de côté, décentrements sont les rouages approximatifs du second moteur. Jamais le monde n'est parfaitement lisse et homogène. Il est parcouru de fissures et de plis. Pour les découvrir, cheminez à contretemps, ne suivez plus les flèches, grattez la couche de vernis. Dès qu'on cesse d'être synchrone, en rythme, sur les rails, les grains de sable du quotidien peuvent devenir falaise à escalader, collines d'où l'on verra plus loin, et autrement.

Une autre façon de désaxer : découpez dans le banal des lanières, bribes, fragments, morceaux… et collez-les dans le désordre, agencez-les de façon déconcertante, amusante et inquiétante. Vous constaterez que le sens et l'aléatoire font bon ménage : le hasard fait bien les rencontres, il suffit d'y devenir attentif.

La vue d'en haut, le surplomb, le regard cosmique, eux aussi, sont efficaces. Regardez-vous depuis la Lune, la planète Mars ou Sirius, depuis la préhistoire ou l'Inde védique, très vite vous n'avez plus la même tête. Ce qui vaut pour l'espace marche pour le temps : extraterrestres et dinosaures, même combat. Les périples spatiaux et temporels se rejoignent. Ici et maintenant sont toujours truffés d'ailleurs et d'hier, la décision de les observer fait la différence.

Suivez enfin quelques éventualités, pour voir où elles mènent. Par exemple, il se pourrait que l'in-sensé, l'insolite et l'in-congru donnent plus d'impulsion à la pensée que le « sensé », le « solite » et le « congru ». Il se pourrait que « sérieux » et « pas sérieux » ne se répartissent pas du tout – ni dans le monde ni dans la pensée – comme on le dit généralement. Parce qu'il ment, le général. À chacun de le destituer.

Remerciements

Ma gratitude va d'abord à ceux qui m'ont incité à reprendre le chemin des expériences de philosophie, en me demandant des textes à publier.

Je remercie vivement Jean-Louis et Perla Servan-Schreiber de m'avoir accueilli dans leur nouvelle formule de *Clés*, où quelques textes de ce livre ont été publiés, sous forme de chronique, dans une première version. À la rédaction de *Clés*, ma reconnaissance s'adresse également à Marc de Smedt et à Djénane Kareh Tager.

Merci également à Fabienne Attali, qui m'a convié à tenir une chronique dans le supplément Agora de son magazine *Pause Santé*, où quelques autres textes ont connu une première version.

Les amis auxquels j'ai dédié certaines de ces expériences en ont inspiré le thème ou l'atmosphère : Brigitte Trazzi, professeur de yoga, pour l'air et le souffle, André Lewin, ambassadeur et ami de l'Inde, pour l'embouteillage de Bénarès, Jim Stillwagon, charpentier, pour la folie du fromage, Paul Meimoun, dentiste, pour la vie des taupes.

Je n'oublie pas mes amis philosophes, Ludwig Wittgenstein, Jean-Baptiste Botul, Blaise Pascal et Arthur Schopenhauer, qui sont derrière certaines expériences qui leur sont également dédiées.

Ma reconnaissance va également à celles qui m'ont aidé dans la tâche de saisie du manuscrit, Michèle Bajau et Yvette Gogue.

Je remercie chaleureusement Muriel Beyer et toute l'équipe des éditions Plon pour leur attention amicale et leur professionnalisme.

Et je dis ma gratitude toujours nouvelle à Monique Atlan, ma compagne, à qui l'ensemble de ces petites expériences est dédié, parce qu'il lui doit bien plus qu'à personne d'autre.

Table des matières

Du même auteur

(www.rpdroit.com)

Enquêtes philosophiques

L'Oubli de l'Inde. Une amnésie philosophique, Presses universitaires de France, 1989. Nouvelle édition revue et corrigée, Le Livre de Poche, « Biblio-Essais », 1992. Réédition « Points Essais », Seuil, 2004.

Le Culte du néant. Les philosophes et le Bouddha, Seuil, 1997. Réédition poche « Points Essais », Seuil, 2004.

Généalogie des barbares, Odile Jacob, 2007.

Les Héros de la sagesse, Pion, 2009. Réédition poche « Champs », Flammarion, 2012.

Le Silence du Bouddha, Hermann, 2010.

Avec Monique Atlan, *Humain. Une enquête philosophique sur ces révolutions qui changent nos vies,* Flammarion, 2011.

Explications philosophiques

La Compagnie des philosophes, Odile Jacob, 1998. Réédition poche Odile Jacob, 2002. « Bibliothèque », Odile Jacob, 2010.

La Compagnie des contemporains. Rencontres avec des penseurs d'aujourd'hui, Odile Jacob, 2002.

Les Religions expliquées à ma fille, Seuil, 2000.

La Philosophie expliquée à ma fille, Seuil, 2004.

L'Occident expliqué à tout le monde, Seuil, 2008.

L'Éthique expliquée à tout le monde, Seuil, 2009.

Une brève histoire de la philosophie, Grand Prix du Livre des professeurs et maîtres de conférences de Sciences-Po, 2009, Flammarion, 2008, « Champs », 2011.

Osez parler philo avec vos enfants, Bayard, 2010.

Vivre aujourd'hui avec Socrate, Épicure et tous les autres, Odile Jacob, 2010. Réédition poche, Odile Jacob, 2012.

Maîtres à penser. 20 philosophes qui ont fait le XXe siècle, Flammarion, 2011.

Expériences et Contes Philosophiques

101 expériences de philosophie quotidienne, Prix de l'essai France-Télévision 2001, Odile Jacob, 2001. Réédition poche Odile Jacob, 2003.

Dernières Nouvelles des choses. Une expérience philosophique, Odile Jacob, 2003. Réédition poche Odile Jacob, 2005.

Votre vie sera parfaite. Gourous et charlatans, Odile Jacob, 2005.

Un si léger cauchemar (fiction), Flammarion, 2007.

Où sont les ânes au Mali ?, Seuil, 2008.

Ouvrages en collaboration

Avec Antoine Gallien, *La Chasse au bonheur*, Calmann-Lévy, 1972.

Avec Antoine Gallien, *La Réalité sexuelle. Enquête sur la misère sexuelle en France*. Préface du Dr Pierre Simon, Robert Laffont, 1974.

Avec Stéphane Douailler et Patrice Vermeren, *Philosophie, France, XIXe siècle. Écrits et opuscules*, Le Livre de Poche, « Classiques de la philosophie », 1994.

Avec Dan Sperber, *Des idées qui viennent*, Odile Jacob, 1999.

Avec Henri Atlan, Marc Augé, Mireille Delmas-Marty, Nadine Fresco, *Le Clonage humain*, Seuil, 1999.

Avec Dominique Desanti et Jean-Toussaint Desanti, *La liberté nous aime encore*, Odile Jacob, 2002. Réédition poche Odile Jacob, 2004.

Avec Jean-Philippe de Tonnac, *Fous comme des sages. Scènes grecques et romaines*, Seuil, 2002. Réédition poche « Points Essais », Seuil, 2006.

Michel Foucault, *entretiens*, Odile Jacob, 2004.

Avec Henri Atlan, Chemins qui mènent ailleurs. *Dialogues philosophiques*, Stock, 2005.

Avec Axel Kahn, *Vivre toujours plus ?*, Bayard, 2008.

Avec François Henrot, *Le Banquier et le Philosophe*, Plon, 2010.

Direction d'ouvrages collectifs

Présences de Schopenhauer, Grasset, 1989. Réédition Le Livre de Poche, « Biblio-Essais », 1991.

Science et philosophie, pour quoi faire ?, premier Forum Le Monde-Le Mans, Le Monde-Éditions, 1990.

Les Grecs, les Romains et nous. L'Antiquité est-elle moderne ?, deuxième Forum Le Monde-Le Mans, Le Monde-Éditions, 1991.

Comment penser l'argent ?, troisième Forum Le Monde-Le Mans, Le Monde-Éditions, 1992.

L'art est-il une connaissance ?, quatrième Forum Le Monde-Le Mans, Le Monde-Éditions, 1993.

Où est le bonheur ?, cinquième Forum Le Monde-Le Mans, Le Monde-Éditions, 1994.

L'Avenir aujourd'hui. Dépend-il de nous ?, sixième Forum Le Monde-Le Mans, Le Monde-Éditions, 1995.

Philosophie et démocratie dans le monde. Une enquête de l'Unesco, préface de Federico Mayor, Le Livre de Poche – Éditions Unesco, 1995.

Jusqu'où tolérer ?, septième Forum Le Monde-Le Mans, Le Monde-Éditions, 1996.

Avec Federico Mayor, *Agir pour les droits de l'homme au XXe siècle*, Éditions Unesco, 1998.

Avec Federico Mayor, *Lettres aux générations futures*, Éditions Unesco, 1999.

Philosophie/lycée, Éditions de la Cité, Manuel Plus, 2000. Réédition revue et augmentée, Bordas, 2004.

L'humanité toujours à construire. Regard sur l'histoire intellectuelle de l'Unesco 1945-2005, Unesco, 2005.

Philosophies d'ailleurs (2 volumes), Hermann, 2009.

Imprimé en Allemagne par GGP Media GmbH, Poessneck,
en juillet 2013
ISBN : 978-2-501-08798-8
4132221 / 01
dépôt légal : août 2013

PAPIER À BASE DE
FIBRES RECYCLÉES

MARABOUT
s'engage pour l'environnement
en réduisant l'empreinte carbone
de ses livres.
Celle de cet exemplaire est de :
350 g éq. CO_2
Rendez-vous sur
www.marabout-durable.fr